Matthias Kleiböhmer

# Sonntagmorgensingle

Wie es ist, der einzige Christ in der Familie zu sein

Mehr weil als obwohl.
Jeden Tag.

Danke.

# Inhalt

## I.
## DER GLAUBE UND DER UNGLAUBE



## II.
## WIE KÖNNEN WIR ZUSAMMEN LEBEN?

## III.
## DIE DISTANZ ÜBERWINDEN

# I.

# DER GLAUBE UND DER UNGLAUBE

# Einführung: Warum tun wir uns das an?

In meinem Ehering sind einige Worte eingraviert: »Mehr weil als obwohl«. Ich trage ihn jeden Tag, und ich erlebe das jeden Tag. Das muss dann wohl Liebe sein. Wenn Dich jemand mag und gerne Zeit mit Dir verbringt. Wenn jemand etwas für Dich tut, das sonst niemand tut. Wenn jemand in schönen und in schwierigen Zeiten bei Dir bleibt. Wenn er oder sie Dich aushält, wenn Du Dich selbst nicht magst. Dann muss es wohl Liebe sein. Sie macht aus einer kurzen Begegnung den Moment für die Ewigkeit. Sie sorgt dafür, dass da eine Verbindung ist, so stark wie ein Tau, auch wenn man es nicht sieht. Sie verändert die Prioritäten, und sie macht tolerant. Jemanden zu lieben bedeutet, ihn nicht aufzugeben, weil er Schwächen hat. Liebe spricht ein »ja«, das auch durch einen Fehler nicht erschüttert wird. Und nicht durch noch einen. Deswegen heißt Liebe auch immer, sich von etwas zu verabschieden. Sie wirft Pläne um und Ideale. Sie kann dem Leben eine ganz andere Richtung geben, und es fühlt sich nicht mal schwer an. Sie verändert den Menschen. Wenn Dich jemand wirklich liebt, will er nicht, dass Du bleibst, wie Du bist. Er will, dass Du etwas Neues an Dir entdeckst und mehr von dem tust, was Dich liebenswert macht.

Die Liebe ist eine merkwürdige Sache. Sie bewirkt, dass Du ein ganzes Leben nach etwas ausrichtest, das man nicht sehen, anfassen, festhalten oder machen kann – ohne dass es eine zuverlässige Sicherheit dafür gäbe, die richtige Entscheidung getroffen zu haben. Deswegen ist sie eine Wette auf das Leben, in dem jeder Tag unwiederbringlich vergeht und die Zeit immer schneller läuft, je älter man wird. Die Liebe kann bewirken, dass das Leben gelingt; dass es sich rund und richtig anfühlt. Die Liebe ist ein Geschenk, und das ist nicht selbstverständlich. Wer sie erleben darf, sollte sie dankbar annehmen.

Insofern habe ich offensichtlich ein Luxusproblem. Denn diese Liebe ereignet sich in meinem Leben gleich zwei Mal. Vielleicht ist es bei Dir auch so, oder bei jemandem in Deinem Umfeld. Jedenfalls habe ich beim Schreiben vor allem an diejenigen gedacht, denen es so geht wie mir. Als Christin oder als Christ allein in der Familie oder in der Beziehung erleben wir sie doppelt. *»Mehr weil als obwohl«* – das sagen unsere Lieben, mit denen wir den Glauben nicht teilen können. Das sagt auch Gott. Und zwar jeden Tag. Sie sprechen es nur nicht gleichzeitig, weil sie sich scheinbar selten treffen. Wir führen eine Art Dreiecksbeziehung, in der sich die beiden anderen Partner wenig zu sagen haben. Und das ist eine Belastung.

Meine Ehefrau und Deine Partnerin oder Dein Partner oder Deine Familie teilen unseren Glauben nicht. Sie haben vielleicht wenig oder kein Verständnis dafür, und manchmal hat es Diskussionen bis hin zum offenen Streit gegeben. Oder wortlose Ablehnung. Oder einen Fluchtreflex oder irgendeine andere Art der innerlichen Distanz. Das kann eine Beziehung grundsätzlich in Frage stellen. Liebt sie mich wirklich? Liebt er mich genug, um diesen Unterschied auszuhalten? Passen wir überhaupt zusammen? Können wir das schaffen? Da kann man leicht in eine ernsthafte Beziehungskrise schlittern. Das muss aber nicht sein.

## Sieh es als Chance

Unsere Erfahrung nach 15 Jahren Beziehung: Es ist eine Herausforderung, aber eine, die einen Wachstumsprozess in Gang gebracht hat – in Bezug auf meine Persönlichkeit, meinen Glauben und unsere Beziehung. Das Positive überwiegt; die Chancen sind größer als die Gefahren. Für uns. Wie das für Dich ist, wirst Du vielleicht herausfinden. Dazu möchte ich Dir mit diesem Buch helfen. Es kommen vermutlich nicht alle Deine individuellen Fragen vor; aber in vielem wirst Du Dich wiederfinden.

Es wird aber vermutlich eine Herausforderung bleiben. Mein Glaube ist in unserer Beziehung kein Kuschelthema, und das wird es auch nicht werden. Der Unglaube meiner Frau auch nicht. Es bleibt emotional, manchmal bleibt das Gefühl, innerlich zwischen den beiden »Beziehungen« zerrissen zu sein. Wir werden weiter fragen, diskutieren und innerlich den Kopf schütteln. Ich freue mich darauf. Keine Beziehung besitzt man im statischen Sinn. Nicht zu Gott, auch nicht zu Menschen, selbst wenn sie unseren Glauben teilen. Jede Beziehung muss gelebt und entwickelt werden, sonst wird sie in den permanenten Veränderungen, die wir erleben, untergehen. Mein Wunsch ist es, Dir oder Euch hiermit zu helfen, eine Perspektive dafür zu finden.

Es ist nicht ganz ohne Ironie, dass ich mich auch beruflich mit unserer Art von Beziehung befasse. Ich arbeite als Theologe und leitender Angestellter in einer evangelischen Stiftung, der Stiftung Creative Kirche. Wir sehen unseren Auftrag darin, auf eine Art mit Musik von der Liebe Gottes zu erzählen, dass Menschen es als Hilfe für ihren Alltag und Hoffnung für ihr ganzes Leben begreifen können. Man könnte also sagen, ich bin ein Missionar, der sich Arbeit mit nach Hause genommen hat. Und einer, der in den eigenen vier Wänden bisher erfolglos geblieben ist. Zum einen liegt das zum Glück nicht allein in meinen Händen. Zum anderen frage ich mich mit Blick auf die Scheidungsstatistik unserer Tage viel mehr, wie wir das ohne größere Krise geschafft haben. Was sind die Grundlagen unserer Beziehung, wenn es nicht der Glaube ist? Darauf werde ich noch zu sprechen kommen.

Wenn die Bibel eines ganz sicher ist – und da würde mir vielleicht auch Deine Partnerin oder Dein Partner zustimmen – dann ein Buch, das zeigt, wie der Glaube und das Leben gelingen können. Deswegen greife ich auf diesen Erfahrungsschatz immer wieder zurück. Ich werde dabei von »Gläubigen« und »Nichtgläubigen« sprechen, obwohl ich weiß, dass es da kein Schwarz und Weiß gibt, sondern die ganze Farbpalette in allen Schattierungen. Glaube ist Suchen, Frage, Beziehung, nichts ist in Stein gemeißelt. Ich möchte damit auch nicht über Menschen urteilen und niemandem ein Etikett verpassen. Letztlich suchen wir alle. Beim Schreiben hat sich aber gezeigt, dass es ohne begriffliche Unterscheidung nicht geht. Du wirst das für Dich sicher einordnen können.

Ich danke Andreas Malessa für den Rat und die tiefe Verbundenheit und Daniel Hobe für die kompetente und respektvolle Begleitung. Außerdem Martin Bartelworth und Ralf Rathmann, den Gründern der Creativen Kirche. Ohne sie gäbe es dieses Buch nicht, weil es mich als Theologen nicht mehr gäbe. Lukas Voß hat hart daran gearbeitet, aus dem Stückwerk der Worte ein weitgehend fehlerfreies Buch zu machen. Vielen Dank auch an Bernd Fröhlich für das Feedback und an Dr. Renate Hofmann und Marcus Beier für die kompetente Begleitung.

Das Team des Wohnzimmergottesdienstes auf YouTube – Rubin Itermann, Giulia Arnold, Johannes Ebbertz und Lena Neuhaus – hat fast alle Gedanken hier schon einmal gehört und geduldig ertragen, dass ich meine Predigten immer erst im letzten Moment fertigstelle. Vielen Dank euch! Viele Gedanken aus unseren Videos habe ich hier aufgenommen, deswegen kannst Du einiges auf dem YouTube Kanal der Creativen Kirche zur Vertiefung nachhören.

Am meisten muss ich aber denen danken, deren Geschichten hier im Buch erscheinen, weil sie meine Geschichte kreuzen: Rüdiger Krause und einigen weiteren, die ich aus verschiedenen Gründen nicht erwähne. Am meisten haben meine Frau und meine Kinder für dieses Buch gegeben. Sie haben erlaubt, dass ich einen Einblick in unser Familienleben gebe und meine Zeit in diese Seiten investiere.

Wir alle zusammen haben an diesem Buch gearbeitet, weil wir eine Menge Leute in derselben Situation kennen. Wir hoffen, es bringt Dich weiter.

# 1.
# Der eine glaubt, die andere nicht

Ich war neun Jahre alt, und die Bergbaukrise der 80er Jahre hatte unser Familienleben auf den Kopf gestellt. Erst ging die Firma meines Vaters verloren, dann unser Haus, und dann mein Freundeskreis. Am anderen Ende der Stadt und ohne Spielkameraden wurde mein Großvater umso wichtiger. Fast jedes Wochenende war ich bei ihm und meiner Großmutter, und nie war es langweilig. Ich war auch dort, als der Anruf kam: Das Haus ist weg. Zwangsversteigerung. Wie alle Eltern hatten auch meine versucht, das Unglück, solange es ging, von den Kindern fernzuhalten. Jetzt ging es nicht mehr. Der Umzug war ein tiefer Einschnitt. Es hat Jahre gedauert, bis ich mich wieder in einem Haus wirklich zuhause gefühlt habe.

Meine Eltern sind Menschen, die nicht aufgeben. Sie fanden damals ein anderes Einkommen und ein anderes Haus zur Miete. Einige Monate nach dem Umzug war ich immer noch nicht angekommen und lag abends lange wach. Jeden Abend. Ich war zutiefst verunsichert und auch überfordert. Aber das sollte niemand wissen. Natürlich hätte ich meinen Eltern davon erzählen können; wir hatten kein schlechtes Verhältnis. Ich hatte bis zu diesem Zeitpunkt das, was man allgemein unter einer glücklichen Kindheit versteht. Aber irgendwie musste ich das alles mit mir selbst ausmachen. Schließlich hatten alle genügend eigene Probleme, und der enorme finanzielle Druck war jeden Tag spürbar. So entwickelte ich Zwangshandlungen – wie viele Menschen, die ihr entgleistes Leben wieder in die Bahn bringen wollen. Und auch die wollte ich vor meinen Eltern verbergen. Das war harte Arbeit, denn die Zwänge waren Teil meines Alltags: Ich musste mir ständig meine Fingerspitzen ablecken, was nicht nur unhygienisch, sondern auch peinlich war. Schlimmer war jedoch, dass ich mir jedes Wort, dass ich z.B. auf der Straße las, innerlich drei Mal vorsprechen musste. Jedes Werbeplakat, jeden Wegweiser. Ich kann sagen: Das erzeugt keine Sicherheit, sondern einen Heidenstress.

An einem der langen Abende bekamen meine Eltern einen Anruf. Das (einzige!) Telefon stand, wie damals üblich, im Eingangsbereich, in Hörweite meines Zimmers. Ich stand auf, öffnete die Tür einen Spalt breit – und ich ahnte: Da kommt ein neues Unglück. Ein richtiges. Meine Mutter nahm ab und wenige Augenblicke später brach sie in Tränen aus. Es ging offenbar um meinen Großvater. Später erfuhr ich, dass es ein Schlaganfall gewesen war. Für den Moment wusste ich nur: Er ist ernsthaft krank, und es sieht nicht gut aus.

Was tut ein Neunjähriger in so einer Situation? Er heult wie ein Schlosshund. Er zieht die Decke über den Kopf. Er flüchtet sich in seine Zwänge. Er verhandelt mit Gott.

Ich muss dazu sagen: Ich kannte Gott eher vom Hörensagen. In unserer Familie wurde nicht über ihn gesprochen, man ging nur an Weihnachten in die Kirche. Aber meine Mutter hatte unregelmäßig abends mit uns gebetet. *»Ich bin klein, mein Herz ist rein, soll niemand drin wohnen als Jesus allein.«* Ich mochte das Ritual, verstand aber nicht eine Silbe dieser Worte. Weder wollte ich klein sein, noch wusste ich, was ein »reines Herz« sein soll. Ich war sogar der Meinung, in meinem Herz müsste doch Platz sein für mehr als nur Jesus allein. Daneben gab es noch einem leidlichen Religionsunterricht, aber das war es das dann auch mit der religiösen Erziehung. Den evangelischen Kindergarten hatte ich jedenfalls weitestgehend – und in Komplizenschaft mit meinem Großvater – umgangen. Wir hatten jeden Morgen beide so lange traurig geguckt und gebettelt, bis ich nicht mehr hinmusste.

Kurz: Ich hatte keinen Grund, auf Gott zu vertrauen. Und ich wusste nicht, wie man betet. Schon gar nicht, wie man es mit eigenen Worten tut. Aber was hatte ich noch zu verlieren?

Und so habe ich das erste freie Gebet meines Lebens gesprochen. Es kam alles raus, was ich sonst nicht sagen wollte: Dass ich unendlich traurig war. Dass ich Angst hatte. Dass mein Großvater leben sollte. Dass alles so werden sollte, wie es vorher war. Das Gebet sprach ich – man ahnt es – drei Mal. Wenn schon zwanghaft, dann richtig.

An jenem Abend habe ich Frieden gefunden. Das meine ich nicht als Floskel. Es ist für mich der beste Ausdruck, den unsere Sprache für diese Erlebnis bietet. Es war nicht spektakulär, nicht aufregend, nicht übersinnlich in der Art, dass ich eine Macht gespürt habe, die sich der Wahrnehmung sonst entzieht. Und doch bin ich überzeugt: Diese Art Frieden kommt nicht von dieser Welt. Denn er brachte, was bei mir sonst nichts Anderes schafft: eine spürbare Ruhe, die tief im Innersten anfängt und sich dann langsam im ganzen Körper ausbreitet. So fühlt es sich an, nach Hause zu kommen und verstanden zu werden.

Eben hatte ich noch Angst, dass sich schon wieder alles ändert. Ich war entsetzt, ich war traurig. All das löste sich wie ein Krampf in einem Gefühl von Geborgenheit auf. Als ob dich der Heilige Geist persönlich in den Arm nimmt.

Im Alten Testament wird oft vom *Schalom* gesprochen, einem universalen Frieden, der so ziemlich jedes Gefühl von Glück und

Zufriedenheit bringt, dass man sich zwar wünschen, aber nicht für Geld kaufen oder selbst machen kann.[1] Diesen Frieden meine ich. Nicht einfach »Ruhe« oder »Entspannung«. Ich meine einen tiefen inneren Frieden mit der Tatsache, das Leben nicht in der Hand zu haben.

Das war kein einmaliges Erlebnis. Es ist mir danach wieder passiert. Aber es ist ein besonderes, seltenes Erlebnis. Bis heute geschieht es mir im Gebet immer wieder. Aber nur da. Bisher habe ich keinen Weg gefunden, dieses Gefühl anders zu erleben. Kein Mensch kann mir dieses Gefühl geben. Es kommt mir eher vor, als würde eine größere Wirklichkeit in mein Leben einbrechen. Ein kleines Stück Ewigkeit mitten in der Zeit. Das klingt kitschig, aber so fühlt es sich eben an.

Wurde mein Gebet erhört? Ganz sicher. Hat es die gewünschte Wirkung gehabt? Nun ja: Mein Großvater überlebte den Schlaganfall, aber er wurde nie wieder ganz gesund. Ich erhielt nicht das, was ich damals wollte. Aber ich gewann noch einige Jahre mit einem Großvater und einen ganz anderen Begleiter für das ganze Leben: Gott war da, und er ging nicht mehr weg. Richtig intensiv ist der Glaube erst später geworden. Aber das war der erste entscheidende Anstoß.

Ich habe dann weiter gebetet. Unregelmäßig, aber mit der Gewissheit, gehört zu werden. Auch die Zwangshandlungen habe ich in dieser Zeit abgelegt und nie wieder damit angefangen. Ich hatte bessere Wege gefunden, mit Krisen umzugehen. Oder besser gesagt: Ich hatte ihn gezeigt bekommen. So ist mein Glaube entstanden.

# Statistik hat nichts mit Deinem Leben zu tun – Gott schon

Wer sich je damit beschäftigt hat, wie Glaube entsteht und warum die allermeisten Menschen – trotz der Abgesänge vom Ende der Religion in den aufgeklärten Gesellschaften Mittel- und Nordeuropas – religiös sind[2], wird an der Schilderung einiges wiederentdecken, z.B. den Ansatz des Philosophen Hermann Lübbe. Er sieht in der Religion eine »Kontingenzbewältigungspraxis«, also ein Mittel, die Ungewissheit und Unverfügbarkeit des Lebens auszuhalten.

Auch wenn wir Menschen der Postmoderne als notorische Selbstoptimierer der Idee verfallen sind, alles im Leben machen und erreichen zu können, müssen wir uns wohl eingestehen: den wirklich wichtigen Dingen im Leben sind wir mehr oder weniger ausgeliefert. Unser Schulabschluss zum Beispiel ist zwar das Produkt eigener Leistung – in Wahrheit ist aber selbst in einem Land wie Deutschland der soziale Status der Familie, in die wir hineingeboren werden, maßgeblich dafür, welchen Bildungsabschluss wir erlangen. Auch wenn es immer mal wieder Ausnahmen gibt. Oder nehmen wir die Gesundheit: Du kannst gesund leben und trotzdem mit 25 Jahren an Lungenkrebs sterben, ohne je an einer Zigarette gezogen zu haben. Statistik hat nichts mit Deinem Leben zu tun! Das Märchen, alles schaffen zu können, wenn man nur will und hart genug dafür arbeitet, glaubt man spätestens dann nicht mehr, wenn man mal mit aller Kraft versucht hat, sich zu verlieben. Der Lebensplan mag das erste Kind bis zum 32. Geburtstag vorgesehen haben, allein es fehlt die Partnerin oder der Partner dazu.

Wenn ich das Ende des Gottesdienstes einleite, sage ich oft: »Wir können uns Betten kaufen, aber keinen Schlaf. Wir können uns Häuser kaufen, aber kein Zuhause. Wir können uns Dankbarkeit kaufen, aber keine Liebe.« Das alles hat nichts mit persönlicher Leistung zu tun. Auch den *Schalom* können wir nicht selbst machen. Das alles und vieles mehr kann man nur dankbar in Empfang nehmen. Wir Christen haben sogar ein eigenes Wort dafür: Wir nennen es »Segen«[3], wenn das Leben trotz der vielen kleinen und großen Unsicherheiten gelingt.

Mein Beispiel zeigt, dass Lübbe recht hat: Die Religion hilft tatsächlich, die eigene Machtlosigkeit auszuhalten. Und genau deshalb wird es sie auch weiterhin geben. Zweifelsohne wird der Einfluss der Religion in säkularisierten Gesellschaften weiter sinken, vor allem, was ihre Wirkung auf gesellschaftliche Konventionen, Wissenschaft oder Politik angeht. Auch der Rückzug der Institution Kirche ist wohl vorerst nicht aufzuhalten. Aber es ist eine Illusion, anzunehmen, dass wir unsere Lebensumstände jemals so vollständig in der Hand haben, dass die Religion überflüssig wird.

Natürlich ist der Glaube viel mehr als nur reine Lebenshilfe zur Kompensation von Angst, und ich möchte ihn auf keinen Fall darauf reduzieren. Worum es mir geht: Wir finden in diesem philosophischen Ansatz eine treffende Erklärung, *wie* der Glaube wirkt – aber noch nicht, *warum* er entsteht oder eben nicht entsteht. Denn dass man ein religiöses Erlebnis – eine Begegnung mit Gott – hat, ist ja ebenfalls außerhalb dessen, was wir Menschen machen können. Es wird uns geschenkt. Ich sollte daher meinen Segen am Ende des Gottesdienstes erweitern: »Wir können Kirchen bauen, aber nicht den Glauben an Gott.«

## Einfache Frage – komplizierte Antwort

Also: Wie und warum entsteht Glaube in einem Menschen? Liegt es vielleicht am Willen? Wohl kaum, denn es gibt Menschen, die wollen glauben und können es nicht. Ist der Glaube eine Frage der Logik oder der Vernunft? Sicher nicht, denn es gibt Menschen, die die gesamte christliche Theologie verstanden haben, ohne zu glauben. Ist er also ein Gefühl?

Das Neue Testament nutzt für »Glauben« das griechische Wort *pistis*. Im nichtreligiösen Umfeld bedeutet es »Vertrauen«. Nicht nur deshalb habe ich mir die Definition zu eigen gemacht, dass Glaube ein »daseinsbestimmendes Vertrauen auf ein Gegenüber«[4] ist. Ich habe sie übernommen, weil sie meiner Erfahrung entspricht: Im Glauben erlebe ich, verstanden, getröstet und getragen zu sein. So deutlich, dass es ein »Jemand« sein muss. So verlässlich, dass ich darauf vertrauen kann. Es geht also zuerst um ein *Gefühl*, das so tief ist, wie nur ein Gefühl sein kann. So weit in die Seele, so weit in die gesamte Existenz reichen kein Wille und keine Vernunft.

Aber: ein Gefühl allein reicht nicht. Glaube bedeutet nicht nur, ein bestimmtes Hochgefühl zu erlangen oder möglichst lange zu konservieren. Seinem Anspruch nach ist er eine ganzheitliche Lebenshaltung. Die Beziehung zu Gott will so prägend sein, dass wir uns davon bestimmen und sogar verändern lassen. Deswegen ist es für Jesus das höchste Gebot, Gott von ganzem Herzen zu lieben (Mt 22,37). Deswegen ruft er dazu auf, buchstäblich alles stehen und liegen zu lassen, um ihm zu folgen. Der Anspruch des Glaubens ist gewaltig.

Und da kommen Wille und Vernunft doch wieder ins Spiel. Wir können uns entscheiden, Gott zu suchen und uns vornehmen, nach seinem Willen zu leben. Wir können uns in der Krise für einen Ausweg mit oder einen Ausweg ohne Gott entscheiden.

Wir können versuchen, Gott zu verstehen. Damit werden wir zwar nie fertig sein; aber es bewahrt uns davor, den Glauben an Gott mit einer Dauereuphorie zu verwechseln. Man kann also sagen: Der Glaube ist zuerst Gefühl, dann Wille und Vernunft. Und er ist eine Beziehung, die auf Vertrauen basiert, die uns ganz einnehmen will.

Vertrauen entsteht aber nicht von allein. Wir sind darauf angewiesen, dass wir Gott als vertrauenswürdig erleben. Das tut er nicht, in dem er unsere Erwartungen erfüllt. Gott weigert sich vehement, als Projektion unserer Wünsche zu dienen. Aber er hält sein Versprechen, das er uns bei der Taufe gegeben hat: »Geht nun hin zu allen Völkern und ladet die Menschen ein, meine Jüngerinnen und Jünger zu werden, tauft sie im Namen des Vaters und des Sohnes und des Heiligen Geistes! Und lehrt sie, alles zu tun, was ich euch geboten habe! *Seid gewiss: Ich bin immer bei euch jeden Tag, bis zum Ende der Welt*« (Mt 28,19f.). Wer das erlebt, kann glauben. Und wer es nicht erlebt, glaubt nicht. Deswegen verstehen wir Christen den Glauben als Werk Gottes[5]: Gott muss sich zeigen. Unser Wille und unsere Vernunft bringen uns weiter auf dem Weg mit ihm, sie bringen uns nicht zu ihm. Das ist allein Gottes Sache. So passiert es, dass der eine glaubt und die andere nicht.

## Ein Politiker probiert es aus

Meine Begegnung mit dem Politiker Gregor Gysi ist ein gutes Beispiel dafür, dass es keinen automatischen Weg zu Gott gibt. In unserer Gottesdienstreihe »Himmelwärts« laden wir regelmäßig interessante Menschen ein, die etwas über den Glauben zu sagen haben und wenn möglich sogar prominent sind. Gysi gilt als einer der besten Redner im Deutschen Bundestag – und bezeichnet sich als Atheist. Eingeladen habe ich ihn trotzdem. Denn er stammt zwar aus einer atheistischen Familie und ist tatsächlich selbst nicht gläubig, hat aber großen Respekt vor dem Glauben und ebenso große Erwartungen an die Kirchen. Schon sein Vater war Kirchenbeauftragter der Regierung der DDR.

Nach Gysis Meinung haben die Kirchen nach dem Zusammenbruch der großen Ideologien am Ende des 20. Jahrhunderts als einzige Institutionen noch die Kraft, moralische Vorstellungen in der Gesellschaft zu verankern. Mit seiner außergewöhnlichen Begabung formuliert er das so: »Ich glaube nicht an Gott, aber ich fürchte eine gottlose Gesellschaft.« Es gibt nicht viele, die der Kirche das noch zugestehen.

In diesem Interview kamen wir auch auf das Gebet zu sprechen. Er hatte ein ähnliches Kindheitserlebnis wie ich: Er lag abends im Bett und versuchte zu beten. Sein Anliegen war weniger, eine Lebenskrise zu überstehen. Er war vielmehr inspiriert von einem Zimmergenossen auf dem Internat, der jeden Abend betete. Wenn es einen Gott gebe, müsste er doch zu etwas nütze sein. Er sprach die Worte, die er gehört hatte. Aber er spürte nichts. Das Gespräch mit Gott kam ihm nutzlos vor, mehr wie ein Monolog. Später hat er es nie wieder versucht.

Nun kann man darüber spekulieren, wie ernsthaft sein Anliegen damals war. Aber war meins ernsthafter? War mein Gebet intensiver? Ich wage da keine Wertung. Ich kann nur feststellen: Zwei Menschen tun etwas sehr Ähnliches, sie erleben aber etwas völlig Unterschiedliches. Dem einen wird der Glaube geschenkt, dem anderen nicht. Er steht daneben und sieht zu. Von außen. Dann vor dem Glauben Respekt zu haben, ist schon viel wert. Der Schritt vom Respekt zur Begegnung mit Gott ist aber keiner, den Menschen von sich aus einfach machen können. Warum warten manche darauf, dass Gott ihn macht und manche nicht? Warum geht Gott ihn bei manchen und bei manchen nicht? Es gibt Fragezeichen, die bleiben, auch wenn man an Gott glauben kann. Leider. So ist das in einer Beziehung: Manchmal muss man aushalten, dass man den Partner oder die Partnerin nicht versteht. Vor allem, wenn der Partner in diesem Fall allwissend ist und man selbst nicht.

## Unser Glaube und die anderen

Dass der Glaube nicht allen Menschen gegeben ist – vor allem nicht derselbe Glaube – macht das Leben nicht unbedingt einfacher. Natürlich muss das nicht zu Spannungen führen. Aber es kann. Und leider geschieht es viel zu oft. Sie betreffen das Zusammenleben von Eheleuten, Familien und Freundeskreisen genauso wie das Miteinander von gesellschaftlichen Gruppen und Nationen. So sehr Glaube die Gläubigen untereinander verbindet – er kann auch nach außen abgrenzen. Denn er schafft Identität und dadurch immer auch Distanz zu allen, zu deren Selbstverständnis der Glaube nicht gehört. Deswegen eignet er sich als Machtmittel, das Menschen vereint und emotionalisiert. Starke Gefühle setzen große Kräfte in Gang. Wenn man den Glauben so benutzt, und das geschieht an viel zu viel Orten auf der Welt, dann kann er Konflikte verschärfen, und zwar ungeachtet dessen, ob er Gewalt und Ausgrenzung grundsätzlich legitimiert oder nicht. Auch im Namen Jesu wurden und werden Kriege geführt, obwohl er Gewalt abgelehnt und nie ein Schwert in die Hand genommen hat. Die Mechanismen sind durch Studien nachgewiesen: Es braucht Druck von außen, durch den die Gläubigen in die Defensive geraten, damit Religion zu Konflikten führt. Und es braucht politische oder religiöse Anführerinnen und Anführer, die Konflikte in einen religiösen Rahmen einordnen. Ein Konflikt muss also zu einem religiösen Thema erklärt werden. Und ich füge noch hinzu: Es braucht vor allem Menschen, die sich davon beeindrucken und sich von der konstruierten religiösen Dimension des Konflikts instrumentalisieren lassen.

Diese Mechanismen sind für den Bereich der Politik untersucht worden, für die Familie meines Wissens nicht. Ich vermute aber, dass hier einfach das gleiche gilt. Wie alle gesellschaftlichen Trends und Konflikte bilden sich zuhause auch unterschiedliche Positionen zum Glauben ab. Und auch hier gibt es Fälle, in denen der Glaube instrumentalisiert wird, um Dinge durchzusetzen, die damit nichts zu tun haben, und zwar von christlicher wie von nichtchristlicher Seite. Früher war das an der Tagesordnung. Da konnte die ungewollte Schwiegertochter mit dem Hinweis auf die falsche Konfession ganz einfach abgelehnt werden. Das ist nicht vorbei, es ist heute nur weniger plakativ und weniger eindeutig als die Trennung von evangelisch und katholisch. Heute wird der neue Lebensgefährte als »Sektenmitglied« abgestempelt, weil er zur Freikirche gehört, oder als Heuchler oder Ketzer, wenn er zu einer Amtskirche gehört. Das passt gut, weil er nämlich auch sonst unsympathisch ist.

Aber muss das wirklich sein? Es hat zu allen Zeiten und in allen Religionen Menschen gegeben, die Unterschiede ausgehalten und Brücken gebaut haben. Es hat durch all die Jahrhunderte hindurch Menschen gegeben, die in jemanden verliebt waren, der oder die den Glauben nicht teilte. Man kann ernsthaft an Gott glauben und sehr gut den Unglauben oder den andersartigen Glauben der anderen aushalten. Dabei kann es sehr hilfreich sein, das Gespräch über den Glauben möglichst freizuhalten von bewusster oder unbewusster Manipulation von außen, und zwar von christlicher wie von nichtchristlicher Seite. Es geht also vor allem erst einmal die Partner in der Familie an, und sonst niemanden. Alle anderen dürfen sich gerne auf Anfrage dazu äußern. Ansonsten halten sie sich aus der Beziehung heraus. Wir mussten das nur in einem einzigen Fall einem guten Freund deutlich zu verstehen geben, ansonsten waren wir frei von versuchten Einflussnahmen. Und wir sind dankbar dafür.

# 2. Die Bibel als Ratgeberin?

Der zeitliche Abstand mag gigantisch sein, die Lebensumstände mögen sich scheinbar völlig unterscheiden. Aber die wesentlichen Fragen und Probleme des Menschen haben sich in Jahrhunderten und Jahrtausenden kaum verändert. Und natürlich gibt es auch in der Bibel Beziehungen zwischen denen, die an den Gott Israels bzw. an Jesus Christus glauben und denen, die es nicht tun. Sie werden dann oft als »ungläubig« bezeichnet, und zwar unabhängig davon, ob sie sich selbst – als Anhängerinnen und Anhänger anderer Götter – als gläubig verstanden haben. Echten Atheismus wird es sicher seltener gegeben haben, zumal er in der Antike auch in einzelnen Fällen bestraft worden ist. Für die meisten Menschen gilt noch: Nur ein Narr könnte auf die Idee kommen, dass es gar keinen Gott gibt (Ps 14).

Die Bibel kennt fast alle Formen von Familie, die wir auch kennen. Deswegen kann man eigentlich auch nicht von dem einen christlichen Familienbild sprechen. Es gibt Klein- und Großfamilien, Kinder mit mehr als zwei Eltern durch Leihmutterschaft und Leihvaterschaft. Es gibt die Ehe mit mehreren Frauen, und das nicht nur im Alten Testament. Es gibt Singles, es gibt Wohngemeinschaften, z.B. von Schwestern. Es gibt sehr spannungsreiche Familienkonstellationen, es gibt Harmonie zwischen den Generationen und es gibt immer wieder Streit. All diesen Beziehungen ist eines gleich: Ehe und Familie werden grundsätzlich als dauerhafte und verlässliche Lebensform gesehen, in der man füreinander Verantwortung übernimmt. Das sollte man im Hinterkopf haben, wenn einem in der Bibel teils kurios anmutende Eheformen wie der »Leviratsehe« begegnen, bei der der Bruder des Verstorbenen dazu verpflichtet war, seine verwitwete Schwägerin zu heiraten. Damit sollte der Familie der Besitz und der Frau der soziale Status erhalten bleiben. Auch die harten Strafen für Ehebruch, nach 3. Mose 20,10 sollen beide Beteiligten mit dem Tod bestraft werden, sind dadurch motiviert.

Die Ehe und auch die Familie ist vor allem eine stabile (Über-) Lebensgemeinschaft. Sie zu brechen ist nicht in erster Linie eine Kränkung von Liebenden, sondern ein Vergehen, das die wirtschaftliche Existenz gefährdet und damit die gesamte Lebensgrundlage betrifft. Andere soziale Sicherungssysteme als die Familie gab es nicht. Was hingegen in der Bibel fehlt, ist, dass Ehe oder Familie als Gemeinschaften auf der Grundlage von Liebe angesehen werden. Natürlich gibt es Liebe, aber sie ist nicht Voraussetzung für die Ehe. Im Alten Testament etwa gibt es nur eine einzige Frau, von der es heißt, sie liebe einen Mann. Es ist Michal, die Tochter Sauls, die ihr Herz an David verliert. Ansonsten scheinen, wenn überhaupt, nur Männer zu lieben.

Es gab also Liebe in der Beziehung, aber der Standard war vermutlich eine Partnerwahl durch die Familien – und da spielten praktische Überlegungen und finanzielle Aspekte die entscheidende Rolle. Die Liebesheirat dagegen gilt allgemein als Erfindung des Zeitalters der Romantik. Natürlich waren Menschen ineinander verliebt; aber häufig konnten sie aufgrund sozialer oder wirtschaftlicher Zwänge nicht heiraten. Die großen Liebesgeschichten vor dieser Epoche enden deswegen oft nicht glücklich wie in Hollywood, sondern tragisch. Romeo und Julia sind wohl das bekannteste Beispiel dafür, denn auch Shakespeare lebte vor der Romantik. Und auch Michal und David fanden kein Happyend: David heiratete nicht nur aus politischem Kalkül etliche weitere Frauen. Er nutzte auch seine Stellung als König aus, um z.B. mit Batseba fremdzugehen, während ihr Mann für David auf einem Feldzug war. Anschließend ordnete er an, ihn beim Angriff im Stich zu lassen, damit er in jedem Fall sterben würde. Der Plan gelingt, David heiratet auch Batseba, obwohl das alles Gott nicht gefiel. Hollywood geht anders.

Unser Bild von Ehe ist weniger von der Bibel geprägt als von den Idealen des Bürgertums im späten 18. und frühen 19. Jahrhundert. Dass Sexualität und Liebe zusammengehören, dass die Liebe eine Voraussetzung für die Ehe ist, das Eltern Liebende sind, ist nicht der Erfahrungshorizont aller Menschen in der Bibel. Sie kennen auch nicht das Ideal der Moderne, dass sich in der Ehe zwei Menschen zusammenfinden, die sich gegenseitig Freiheit zur Selbstverwirklichung geben. Auch wenn diese Werte nicht biblisch mit der Ehe verbunden sind, sind sie sind doch stark christlich geprägt. Zu den wenigen Aussagen Jesu über die Ehe gehört etwa, dass er die Scheidung (vor allem für Männer) weiter einschränkt, und sie nur noch wegen Untreue des Partners oder der Partnerin erlaubt. Damit rückt er gegenseitige lebenslange Verantwortung in den Mittelpunkt der Ehe – und entspricht damit dem damaligen Verständnis. Und natürlich gilt für das Zusammenleben in Ehe und Familie, was für das Leben von Christinnen und Christen insgesamt gilt: »Geht vielmehr freundlich miteinander um, seid mitfühlend und vergebt einander, so wie auch Gott euch durch Christus vergeben hat« (Eph 4,32; LUT). Als Gläubige sollten wir versuchen, unser ganzes Leben und alle unsere Beziehungen als Christen zu führen. Die Ehe oder die Familie sind da keine Ausnahmen. Aber auch keine Sonderfälle.

Wenn wir uns dieser Hintergründe bewusst sind, können wir leichter auseinanderhalten, was wirklich in der Bibel steht und was wir hineinlesen. Ich weiß nicht, wie viel Autorität die Bibel für Dich hat – mir ist sie sehr wichtig. Aber es ist immer wichtig zu sehen, dass man sie wirklich liest, und nicht vorschnellen Urteilen oder Traditionen folgt, die nicht biblisch sind. Auf unsere Situation bezogen stellt man dann fest, dass es »die eine« biblische Sicht nicht gibt, sondern durchaus unterschiedliche Perspektiven. Darauf muss man sich einlassen können. In jedem Fall befreit es davon, sich vom unerfüllten Ideal einer christlichen Ehe oder Familie unter Druck setzen zu lassen, das in der Bibel so nicht vorkommt.

## Eine Familie bekehrt sich

Dass man den Glauben in der Ehe und der Familie teilt, ist trotzdem eine Grundannahme vieler biblischer Texte. Allerdings war das nicht immer und überall gängige Praxis, und es ist nicht immer das damit gemeint, was wir vielleicht darunter verstehen. In der Apostelgeschichte des Lukas etwa werden mehre Bekehrungen des gesamten »Hauses« geschildert. Das kann bedeuten, dass sich alle im Haus lebenden Menschen innerlich und äußerlich dem Glauben an Jesus Christus anschlossen, sehr wahrscheinlich ist das jedoch nicht. In der römischen Kultur war vorgesehen, dass alle den Glauben des männlichen Familienoberhauptes annahmen. Der »Pater familias« regelte alle Belange der Familie, auch die religiösen. Als Priester des Familienkultes vertrat er die Familie gegenüber den Göttern, er achtete darauf, dass die Götter im Haus respektiert und regelmäßig mit Opfern bedacht wurden.

Wenn es vom römischen Hauptmann Kornelius heißt, dass er schon vor seiner Taufe »mit seiner ganzen Hausgemeinschaft an den Gott Israels glaubte« (Apg 10,2; LUT), dann wird er wohl den römischen Gewohnheiten entsprechend über den Glauben aller im Haus entschieden haben. Diese maßgebliche Rolle im Haus konnte in Ausnahmefällen offenbar von Frauen übernommen werden. Die Tuchhändlerin Lydia leitete nicht nur entgegen der damaligen Gepflogenheit ein Geschäft, sondern ließ sich wie der Hauptmann mit allen in ihrem Haus taufen (Apg 16,15). Dabei wird nur von ihrem Glauben berichtet, nicht von dem der anderen Familienmitglieder und Sklaven, die damals auch zum Haushalt gehörten. Wir erfahren nichts über die tatsächliche Glaubenspraxis und auch nichts über die familieninternen Konflikte, die damit verbunden gewesen sein könnten. Gab es Protest? Haben manche doch heimlich oder vielleicht sogar öffentlich zu ihren traditionellen Göttern gebetet? Wurden die alten Altäre in den Nischen des Hauses abgebrochen, oder brannte dort weiter Weihrauch? Wir wissen es nicht.

Wesentlich freier scheinen etwa die vielen Frauen Salomos in der Wahl ihres Glaubens gewesen zu sein – da sind wir in einer anderen Kultur, nämlich in der des frühen Israels, und fast 1.000 Jahre vor Kornelius und Lydia. Die Frauen stammen aus dem Ausland und bringen ihre Götter mit. Wir befinden uns aber auch auf der Bühne internationaler Politik, denn die Heirat eines Königs ist auch damals schon ein Mittel der Diplomatie. Es wird vor diesen Frauen gewarnt, weil sie die Herzen der Gläubigen verführen. So geschieht es dann auch – rund 100 Jahre später führt König Ahab den Baalskult seiner Frau Isebel ein und die Priester Jahwes werden verfolgt. Nur der Prophet Elia bleibt am Leben. Ahabs Nachfolger bleiben im Wesentlichen auf dieser Linie. Die Geschichte ihres Königreiches, des Nordreiches Israel, ist die von Unglauben, der Übernahme fremder Religionen und dem Widerstand dagegen. 721 wird der Staat vom Großreich der Assyrer militärisch besiegt und aufgelöst. Hätte man den gemeinsamen Glauben an Jahwe bewahrt – so die biblische Deutung – wäre ihm dieses Schicksal erspart geblieben. Die Ehen mit Nichtgläubigen waren nicht allein schuld, aber sie sind eine der Ursachen für den Untergang. Entsprechend negativ werden sie bewertet.

Dass Ehen mit Männern und Frauen anderen Glaubens auch im einfachen Volk nicht unüblich waren, zeigt das Buch Rut. Es wurde wahrscheinlich um 550 v. Chr. verfasst: Während einer Hungersnot ziehen Elimelech und seine Frau Noomi in das Land der Moabiter. Ihre Söhne heiraten dort wie selbstverständlich Moabiterinnen. Das ist nicht der einzige Beleg. Auch Josef und Moses heiraten Frauen aus fremden Völkern. Ob sie ihre Götter weiter angebetet haben, wissen wir nicht. Es ist aber gut möglich. Im Alten Testament gibt es also offenbar beides: Die Ablehnung der Ehe mit Andersgläubigen und die völlig selbstverständliche Praxis. Die Tendenz scheint zu sein, dass die Texte jüngeren Datums deutlich kritischer sind.[6]

## Es scheint wichtigeres zu geben als die Familie

Sowohl Jesus als auch der Apostel Paulus, die wichtigste Person für die Ausbreitung des Glaubens in der Zeit des neuen Testaments, haben ehelos und wahrscheinlich auch ohne engen Kontakt mit der Familie gelebt. In dem Bewusstsein, dass das Reich Gottes beginnt, dass Gott seine Herrschaft ausübt und seine neue Welt anbricht, ist die Familie für sie belanglos geworden. Deswegen haben sie sich wenig dazu geäußert. Schon die Herkunft Jesu hat wenig mit Familie nach traditionellem bürgerlichem Maßstab zu tun. Nach biblischem Zeugnis war er ein uneheliches Kind, das Gott gezeugt hat. Auch sein Stammbaum war nicht makellos: Es kommt eine Hure darin vor, die hohe Ideale hatte (Rahab), eine Frau, die mit ihrem Schwiegervater geschlafen hat (Tamar), und ein Mann, der durch Inzest sowohl Vater als auch Großvater derselben Kinder ist – eine moralische Wertung gibt es zu all dem nicht, aber eine edle Linie sieht anders aus.[7]

Jedenfalls sollte man allein schon deshalb eine »christliche« Familie nicht mit einer »bürgerlichen« verwechseln. Denn auch Jesu Stiefvater Josef kommt außerhalb der Kindheitserzählungen über Jesus nicht wirklich vor, was in einer patriarchalen Gesellschaft kaum denkbar ist und kein gutes Licht auf ihn wirft. Er hat im Leben Jesu vielleicht keine große Rolle gespielt, möglicherweise ist er früh gestorben. Seine Mutter und seine Geschwister waren dagegen wichtig. Jesus hatte vier Brüder, nämlich Jakobus, Joses, Judas und Simon, und mindestens zwei Schwestern. Ihre Namen sind nicht überliefert. Jakobus hat wohl eine Begegnung mit dem Auferstandenen Jesus gehabt und ist später einer der maßgeblichen Leiter der Urgemeinde in Jerusalem geworden. Paulus nennt ihn neben Petrus und Johannes eine der »drei Säulen« der Gemeinde.

Jesu Umgang mit seiner eigenen Familie ist nicht immer liebevoll. Als seine Mutter und seine Brüder eines Tages zu ihm kommen, weißt er sie schroff ab: Wer den Willen Gottes tue, der sei sein Bruder und seine Schwester und seine Mutter (Mk 3,35).

Jesus hat eine Gemeinschaft von Menschen geschaffen, deren familiäre Bedingungen nebensächlich wurden. Die eigentliche Heimat ist nicht die menschliche Familie, sondern die Gemeinschaft der Kinder Gottes. Eine Jüngerin oder ein Jünger, also eine

Schülerin oder ein Schüler Jesu zu sein kann bedeuten, seinen Vater, Mutter, Frau, Kinder, Brüder, Schwestern und sein eigenes Leben zu hassen! (Lk 14,26) Ist damit gemeint, man solle sich von nichtgläubigen Familienmitgliedern trennen? Manche Ausleger verstehen den Text so. Es geht aber nicht nur um Distanz zu den Familienangehörigen; es geht um Abstand zum Leben in dieser Welt insgesamt. Deswegen spricht Jesus davon, das eigene Leben zu hassen. Das Wort klingt hart und fremd, aber den Gedanken findet man auch sonst bei ihm. In Matthäus 16,25f. etwa: »Wer sein Leben retten will, wird es verlieren. Wer sich aber zu mir bekennt und deshalb sein Leben verliert, wird es erhalten. Was nützt es dem Menschen, wenn er die ganze Welt gewinnt, aber sein Leben dabei verliert?«

Es geht darum, sich ganz an Gott und seinem Willen auszurichten und nicht an irdischen Dingen, nicht einmal an den Menschen, die man liebt. Nicht auf Menschen soll man sich verlassen, nicht auf sich selbst. Sondern auf Gott. Anders gesagt: Es geht darum, so zu leben, als »hätte man nicht« (1 Kor 7,29). Und zwar unabhängig davon, ob der Rest der Familie gläubig ist oder nicht. Alle irdischen Dinge und Beziehungen sind gut und nützlich (Jesus lehrt ja auch die vorbehaltlose Liebe zum Nächsten), aber es ist besser, innerlich frei zu bleiben für Gott. Nichts darf uns gefangen nehmen und von Gott abhalten. Selbst die Menschen, die wir lieben, sind nur das Vorletzte. Liebe zwischen Menschen ist nicht ewig, sie ist zeitlich. Ewig ist nur Gott, und jede und jeder steht letztlich allein vor ihm.

Ich persönlich sehe da noch eine weitere Dimension: Wer so lebt, als hätte er nicht, wird auch davor bewahrt, Beziehung und Zuhause und Hab und Gut als Besitz zu begreifen. Es schützt mich davor, zu stolz auf Besitz zu sein und bringt mich dazu, dankbar zu sein.

Ich denke, dass es Jesus genau darum geht. Er weiß, dass das Besitzdenken Menschen daran hindert, ihm zu folgen. Daher ist »Besitz und Glaube« eines seiner häufigsten Themen. Er hat sich dazu öfter geäußert als zur Familie. Wenn man sich die Krise des Glaubens in den Wohlstandsgesellschaften der westlichen Welt anschaut, ahnt man, wie tief Jesu Einblick in unsere Seelen ist und wie aktuell seine Gedanken sind. Der Besitz hindert uns viel mehr daran, auf Gott zu vertrauen, als die Menschen, die wir lieben, aber unseren Glauben nicht teilen.

Dennoch höre ich immer mal wieder davon, dass Christen Sorge haben, den eigenen Glauben dadurch zu verlieren, dass ihre Ehepartner nicht gläubig sind. Allerdings: Es könnte ja auch genau andersherum sein.

## Weißt Du, wen Du rettest?

Für den Apostel Paulus sind Ehen zwischen Christen und Nichtchristen Alltag. Als Junggeselle sieht er die Ehe grundsätzlich als etwas, mit dem man sich unnötig belastet. Sie dient für ihn nur dazu, sexuelle Eskapaden und Fremdgehen zu vermeiden (1 Kor 7,2). Grundsätzlich bevorzugt er die Ehelosigkeit; er sieht aber auch ein, dass das nicht jede oder jeder kann. Und so kommt es zu Beziehungen mit Nichtchristen:

»Den Verheirateten aber gebiete ich – nein, nicht ich, sondern der Herr –, dass die Frau sich nicht von ihrem Manne scheiden lassen soll – hat sie sich aber scheiden lassen, soll sie ohne Ehe bleiben oder sich mit ihrem Mann versöhnen – und dass der Mann seine Frau nicht fortschicken soll. Den andern aber sage ich, nicht der Herr: Wenn ein Bruder eine ungläubige Frau hat und es gefällt ihr, bei ihm zu wohnen, so soll er sie nicht fortschicken. Und wenn eine Frau einen ungläubigen Mann hat und es gefällt ihm, bei ihr zu wohnen, so soll sie den Mann nicht fortschicken. Denn der ungläubige Mann ist geheiligt durch die Frau, und die ungläubige Frau ist geheiligt durch den gläubigen Mann. Sonst wären eure Kinder unrein; nun aber sind sie heilig. Wenn aber der Ungläubige sich scheiden will, so lass ihn sich scheiden. Der Bruder oder die Schwester ist nicht gebunden in solchen Fällen. Zum Frieden hat euch Gott berufen. Denn was weißt du, Frau, ob du den Mann retten wirst? Oder du, Mann, was weißt du, ob du die Frau retten wirst?« (1 Kor 7,10-15; LUT).

Manche meinen, Paulus denkt hier an Menschen, die geheiratet haben, bevor der Mann oder die Frau gläubig geworden ist, der oder die Partnerin aber nicht. Das ist denkbar, aber es ist nicht gemeint.[8] Zur Erinnerung: Er sieht die Ehe insgesamt als Nothilfe, deswegen regelt er sie auch nicht bis ins Detail. Wie man in den Briefen öfter lesen kann, hatte Paulus als Missionar ständig Kontakt zu Nichtgläubigen. Deswegen sind auch entsprechende Ehen denkbar.

Paulus kennt Jesu Haltung zur Scheidung und zitiert ihn. Aber auch er kennt keine Aussage Jesu zur Ehe mit Ungläubigen, deswegen schreibt er seine eigene Meinung. Paulus hätte sicher keinen solch entspannten Umgang mit dem Thema, wenn er die radikalen Worte Jesu, die Familie zu »hassen«, als grundsätzliche Ansage an Gläubige verstanden hätte. Erkennen kann man jedenfalls, dass er nicht an die Gefahr denkt, der christliche Teil der Beziehung könnte den Glauben verlieren. Er sieht eher die Chancen. Diese Idee gibt es auch bei einem anderen Autor im Neuen Testament, und zwar im ersten Petrusbrief (1 Petr 3,1). Wenn der christliche Teil der Beziehung vorbildlich genug lebt, so der Gedanke, kann der nichtchristliche »ohne ein Wort«, also ohne christliche Predigt, gewonnen werden.

Die Gemeinschaft mit Nichtchristen wird also weder als schädlich gesehen noch als etwas, das die Gemeinschaft mit Gott stört oder in Frage stellt. Denn letztlich weiß man nie, ob dadurch nicht doch jemand mit der rettenden Botschaft von der Liebe Gottes in Kontakt kommt. Das geschieht aber nicht nur durch missionarische Predigt, sondern durch vorbildliches Leben. Die Familie ist also kein Feld für verkrampfte Holzhammer-Mission, wohl eher für ein Leben nach dem Vorbild Jesu.

## Oder doch nicht?

Trotzdem ist mir Paulus auch schon anders begegnet. Ich war im ersten Semester und hatte mich eben in eine Frau verliebt, die innerlich sehr weit weg von Kirche und Gemeinde war, und wurde von einer guten Bekannten an die Seite genommen. Sie hätte Paulus gelesen und könnte mich vor der Beziehung nur warnen. Sie meinte damals eine Stelle, die gar nichts mit unserem Thema zu tun hat, aber immer wieder darauf bezogen wird. Deswegen sollten wir sie uns kurz anschauen. Der Apostel schreibt: »Zieht nicht unter fremdem Joch mit den Ungläubigen. Denn was hat Gerechtigkeit zu schaffen mit Gesetzlosigkeit? Was hat das Licht für Gemeinschaft mit der Finsternis? Wie stimmt Christus überein mit Beliar? Oder was für ein Teil hat der Gläubige mit dem Ungläubigen? Was hat der Tempel Gottes gemein mit den Götzen?« (2 Kor 6,14-16a; LUT).

Wie kann es sein, dass Paulus hier eine ganz andere Meinung hat? Er schreibt über den Zeitraum mehrerer Jahre wirkliche Briefe, keine theologischen Abhandlungen, die er sorgfältig und systematisch nacheinander entwickelt hat. Wir sehen einen Ausschnitt aus einem Briefverkehr, und es gibt konkrete Fragen, die Antworten brauchen. Meinungen können sich ändern, die Schwerpunkte innerhalb identischer Themen müssen nicht dieselben bleiben. Die konkrete Situation dieses Briefes ist ein handfester Streit, den Paulus mit einigen in Korinth hat. Es waren »Superapostel« in die Gemeinde gekommen, hochbegabte Redner. Anders als Paulus ließen sie sich von der Gemeinde bezahlen und stellten in Frage, ob Paulus überhaupt ein Apostel, also ein von Jesus eingesetzter Bote der guten Nachricht, sei. Deswegen fordert Paulus, ihn als Apostel anzuerkennen.

Seine Gegner lehrten zwar das Evangelium, aber es ist ein anderes Evangelium. Es gibt verschiedene Theorien dazu, welche Theologie sie vertraten, ganz sicher kennen wir diese nicht. Letztlich ist diese Frage für uns nicht so wichtig; wir können aber ziemlich sicher sein, dass genau diese Gegner gemeint sind, wenn Paulus »Ungläubige« erwähnt. Es geht also nicht um das Zusammenleben mit Menschen, die nicht an Jesus Christus glauben; er beschimpft diejenigen, die den falschen Glauben lehren. Es geht nicht um das Zusammenleben mit Nichtgläubigen, sondern um die Gemeinde und ihre falschen Lehrer. Sie als »Ungläubige« zu bezeichnen, ist eine Beleidigung. Als Beleg dafür, besser keine Beziehungen zu Nichtchristen einzugehen, kann man diesen Text jedenfalls nicht ansehen.

## Es gibt mehr als eine Meinung

In der Bibel gibt es also unterschiedliche Haltungen dazu, ob und wie man mit Menschen zusammenleben soll, die nicht an Gott glauben. Die Positionen liegen maximal auseinander, die *eine* Haltung gibt es dazu nicht. Nehmen wir etwa die Ehen von Königen mit andersgläubigen Frauen, sehen wir totale Ablehnung; bei Paulus dagegen mehr Chance als Gefahr. Die Lebenssituationen der Menschen, um die es geht, waren aber auch maximal verschieden. Und sie folgen sehr unterschiedlichen Konzepten von Religion:

Das Judentum ist nicht missionarisch. Glaube und Volk gehören zusammen. Man kann nicht ohne Weiteres Jüdin oder Jude werden, das ist ein langwieriger Prozess, den nur wenige auf sich nehmen. Das Hauptanliegen ist es, das Volk vereint und beim Glauben an Jahwe zu halten. Aus diesem Grund werden solche Ehen negativ bewertet. Deswegen gibt es etwa auch die strengen Speisevorschriften – gläubige Juden können nicht unkoscher essen, sodass man sie nicht einfach zu sich nach Hause zum Essen einladen kann. Manche mögen das als enorme Einschränkung des Alltags sehen, andere nicht. Das kann ich nicht beurteilen. Sicher ist es jedoch insgesamt eine enorme religiöse und kulturelle Leistung, dass der Glaube Abrahams, Isaaks und Jakobs auf diese Weise durch die Jahrhunderte hindurch meist ohne eigenes Staatsgebiet, ohne Regierung, ohne zentrale Kirche oder Tempel bis in unsere Tage erhalten werden konnte.

Die Botschaft Jesu dagegen richtet sich an die ganze Welt und an alle Menschen. Es geht nicht um Stabilität und Zusammenhalt, sondern um Verbreitung und Rettung für jeden Menschen. Paulus ist ein Missionsstratege, der gezielte Reisen in Knotenpunkte des römischen Reiches unternimmt, um den Glauben in alle Welt zu tragen. Er will den Raum des Judentums verlassen.

Um die Gute Nachricht zu verbreiten, braucht er die prinzipielle Offenheit gegenüber Nichtgläubigen und die Möglichkeit, mit ihnen in Kontakt zu kommen. Die traditionellen Speisevorschriften hält er nicht mehr für wichtig und lehrt sie nicht mehr, obwohl er als jüdischer Lehrer vor seiner Bekehrung und Berufung zum Heidenmissionar peinlich genau darauf geachtet hat. Kontakte zu Nichtgläubigen sind also ohne Einschränkungen möglich und gewünscht. Aus Kontakten wird Liebe und schon leben Menschen in religiös gemischten Beziehungen. Oder einfacher gesagt: Du kannst den Rest der Menschheit nicht bekehren, wenn Du sie nicht einmal heiraten kannst. Damit widerspricht er Jesus nicht, der dazu nichts Wesentliches hinterlassen hat.

## Und was haben wir daraus gemacht?

In nachbiblischer Zeit waren Ehen mit Nichtgläubigen und das Zusammenleben mit ihnen innerhalb einer Familie üblich, solange das Christentum noch in der Minderheit war. Der Kirchenlehrer Augustinus lebte im 4. Jahrhundert nach Christus und damit in der Epoche, in der das Christentum römische Staatsreligion wurde. Er kennt solche Ehen noch als Normalfall und unterscheidet nur, ob eine »Mischehe« verantwortungsbewusst eingegangen wird oder nicht.[9] Er wusste, wovon er schreibt: Seine Mutter war Christin, sein Vater folgte einem heidnischen Glauben und ließ sich erst kurz vor dem Tode taufen. Auch Augustin selbst hatte 15 Jahre lange eine Beziehung mit einer Heidin, die er wegen rechtlicher Beschränkungen nicht heiraten konnte. Vermutlich hat sich diese Gelassenheit gegenüber diesen Verbindungen in dem Maße verändert, in dem das Christentum die Religion der Mehrheit wurde. Im Mittelalter können sie als absolute Ausnahme gelten.

Als es nach der Reformation mehrere christliche Konfessionen gab, wurde das Thema wieder dringender. »Ungläubig« waren dann diejenigen, die das falsche christliche Gesangbuch hatten. Von kirchlicher Seite und auch durch das soziale Umfeld hat man immer wieder versucht, solchen Paaren die Ehe auszureden oder zu verbieten. Pfarrer (tatsächlich waren das früher nur Männer) aller Konfessionen haben viel Zeit und Mühe investiert, um die Herde zusammenzuhalten.

Als in der Romantik die Liebesheirat in Mode kam und schließlich der Versorgungsaspekt der Ehe weniger wichtig wurde, nahm der Widerstand der jetzt Liebenden zu, sich das Heiraten aus konfessionellen Gründen verbieten zu lassen. Aber die Praxis der Kirchen änderte sich erst langsam. Selbst in den heute als liberal geltenden evangelischen Landeskirchen wurde noch bis in die 80er Jahre des letzten Jahrhunderts Druck ausgeübt. Und natürlich gibt es auch heute noch Geistliche oder auch Gemeinden, die die Ehe mit Menschen anderen Glaubens oder ohne Glauben ablehnen. Auf sie geht die Mehrzahl christlicher Websites zum Thema »Glaube und Familie« zurück, sodass der Anschein entsteht, dass sie die eine christliche Haltung dazu repräsentieren würden.

Wenn man die Bibel als Grundlage des eigenen Lebens nimmt, muss man aber aufgrund der durchaus unterschiedlichen Positionen eine eigene Entscheidung dazu treffen. Das habe ich getan. Ich tue also nichts anderes als das, was Menschen zu allen Zeiten getan haben: Sie haben sich nicht dem Druck anderer gebeugt, sondern selbst gelesen und selbst entschieden. Allerdings muss ich sagen, dass ich persönlich auch wenig Widerstand in meinem Umfeld hatte. Einzelne Christinnen und Christen haben sich schon gelegentlich kritisch geäußert, aber das hielt sich alles in einem höflichen Rahmen. Echter Druck hätte bei mir ohnehin nur zu einer Trotzreaktion geführt. Meine Frage ist nie das »ob« gewesen, sondern immer das »wie«. Wie kann unsere Beziehung gelingen? Wie kann man heute als Christ glauben und leben? Die Liebe ist für mich ein zu kostbares Geschenk, und man kann sie ja auch gar nicht einfach aufgeben.

In neuer Zeit liest man auch immer wieder, eine Ehe mit Nichtgläubigen sei deswegen kritisch zu sehen, weil sie dadurch instabiler wird, weniger glücklich und konfliktbeladen. Das kann im Einzelfall so sein, bei uns fühlt es sich nicht so an. Wir haben dafür weniger der anderen potentiellen Konfliktthemen, die klassischerweise Ehen belasten können. Natürlich ist es wunderbar, wenn man als Paar und Familie den Glauben teilt. Aber wir können uns nicht aussuchen, in wen wir uns verlieben, und es passiert nur wenige Male im Leben. Schließlich gibt es immer noch genug christliche Singles, die auf den oder die richtige warten. Aufzuhalten ist die Entwicklung ohnehin nicht. Es scheint fast so, als würden wir uns nach dem Zeitalter der Konfessionen nun wieder in einer Situation befinden, die eher der Lage der frühen Christen gleicht als der unserer eigenen Eltern und Großeltern, die ständig von einer christlichen Mehrheit umgeben waren. Eine multikulturelle Gesellschaft mit gemeinsamer Sprache, in der Mobilität zunimmt und die Kommunikation immer schneller wird – die Beschreibung passt für uns und zugleich für das Römische Reich zur Zeit des Paulus. Wir sprechen nicht mehr Griechisch oder Latein, wir sprechen Englisch. Wir nutzen keine Römerstraße, wir fliegen. Wir schreiben keine Briefe, wir chatten. Alles ist mehr, schneller und lauter. Aber wir Christinnen und Christen sind wieder in der Minderheit, zumindest in Mitteleuropa. Es wird eher mehr

Beziehungen und Familien geben wie unsere als weniger. Und wir werden entdecken, dass wir trotz des zeitlichen Abstands mehr mit den Menschen im Neuen Testament gemeinsam haben, als wir denken.

II.

# WIE KÖNNEN WIR ZUSAMMEN LEBEN?

# 3.
# Heiraten mit und ohne Gott

Manche Paare leben jahrelang zusammen, ohne auch nur einmal über den Glauben zu sprechen. Es läuft sogar so gut, dass sie den Rest des Lebens miteinander teilen wollen. Dann stellt sich die entscheidende Frage: Wie heiraten wir? Spätestens dann müssen sie über den Glauben sprechen. Theoretisch gibt es Möglichkeiten ohne Ende, von der Strandhochzeit auf Bali bis zur Feier mit dem ganzen Dorf in der Kirche um die Ecke. Praktisch muss aber die eine Frage geklärt werden: Heiraten wir mit oder ohne Gott?

Ich habe versucht, einen Überblick dazu zu recherchieren, was die Kirchen dazu sagen und was tatsächlich in den Gemeinden geschieht. Denn das gibt den Rahmen dafür vor, was überhaupt möglich ist. Die Regelungen sind oft hunderte Jahre alt oder zumindest in einer anderen Zeit verfasst. Manches mutet skurril an. Die Tendenz ist: Die Pfarrerinnen und Pfarrer sind meistens unkomplizierter als die offiziellen Regelungen.

In meiner evangelischen Landeskirche, der Evangelischen Kirche von Westfalen, ist es üblich, Gläubige mit Nichtgläubigen zu trauen. Man müsste eigentlich sagen Mitglieder und Nichtmitglieder. Denn es findet keine Glaubensprüfung statt, sondern es wird allein nach formalen Kriterien entschieden. Einer der beiden Partner muss Mitglied sein. Das wird man durch die Taufe in einer

Gemeinde der Landeskirche. Ist er oder sie nicht konfirmiert worden, muss eine Unterweisung durch die Pfarrerin oder den Pfarrer erfolgen. Und da zeigt sich schon ein Unterschied zur Praxis: Das gibt es meines Wissens nicht. Zumindest nicht systematisch in einem Kurs oder einer Prüfung.

Der Ehepartner oder die Ehepartnerin muss nicht Mitglied der Kirche sein. Dennoch kann die Trauung verweigert werden, »wenn ein Ehepartner sich so verhält, dass das Wort Gottes oder die Kirche verächtlich gemacht wird, oder wenn die Trauung nach dem Urteil des Presbyteriums aus anderen Gründen in der Gemeinde Ärgernis erregen würde«[10]. In der Praxis passiert auch das nicht.

Auch die Wechselfälle der postmodernen Gesellschaft sind in den allermeisten Gemeinden kein Hindernis für eine Trauung: Geschiedene können noch einmal heiraten, homosexuelle Paare werden getraut oder gesegnet. Gehört das Nichtmitglied einer anderen christlichen Kirche an oder einer anderen Religion – vieles ist möglich. Im Grunde gilt: Ist jemand evangelisch, wird ihm auch die Möglichkeit zur Trauung gegeben. Allerdings immer mit der oben erwähnten Einschränkung, dass einzelne Geistliche oder Gemeindeleitungen dies ablehnen können. In einem solchen Fall gibt es einen Beschwerdeweg, oder man geht einfach in eine Gemeinde, die eine andere Meinung hat.

In der katholischen Kirche ist das etwas komplizierter. Meist gibt es aber irgendeine Form von Umweg, der dann doch vieles möglich macht. Möchte eine Katholikin zum Beispiel einen aus der Kirche Ausgetretenen heiraten, gilt eigentlich ein Trauverbot. Allerdings kann man beim zuständigen Generalvikar eine Ausnahme beantragen.[11] in Freikirchen sind die Regelungen noch stärker von der jeweiligen Gemeinde abhängig. Es ist empfehlenswert, das offene Gespräch mit dem Pastor oder der Pastorin und der jeweiligen Gemeindeleitung zu suchen und die Möglichkeiten auszuloten.

Bemerkenswert ist: Auch die theologisch als liberal geltende evangelische Landeskirche führt eine Trauung mit Menschen, die gar keiner Kirche angehören, eigentlich nur mit Auflagen durch. Die Ehepartner müssen monogam und auf Lebenszeit zusammenleben wollen und es darf keine Absprache über nichtchristliche Kindererziehung erfolgen. Außerdem muss der Nichtgläubige Partner erklären, den Gläubigen nicht an der Ausübung seines Glaubens zu behindern. Und: Es darf keine weitere religiöse oder weltanschauliche Zeremonie zur Eheschließung stattfinden.[12] Ich nehme aber an, dass das in Traugesprächen von Geistlichen nicht angesprochen wird. Es ist eigentlich auch immer noch vorgesehen, dass der nichtchristliche Partner in dem Gespräch im evangelischen Glauben »unterwiesen« wird. Auch das passiert nie. Man sieht daran, dass sich das Kirchenrecht langsamer entwickelt als die kirchliche Praxis.

Auf Nachfrage gibt es viele Möglichkeiten. Weil die Regelungen uneinheitlich und die Lebenssituationen sehr unterschiedlich sind, muss man sich immer erst in der jeweiligen Gemeinde informieren. Den Pfarrerinnen und Pfarrern ist hoch anzurechnen, wenn sie Dinge möglich machen, die sie eigentlich nicht machen dürfen. Aus vielen Gespräche weiß ich, dass auch minimale Auflagen bei Brautleuten auf Unverständnis stoßen können. Die Kirche und die Gesellschaft bewegen sich da offenbar weit auseinander. Das gegenseitige Verständnis ist gering.

Dieser Konflikt kann sich dann auch in Eurer Beziehung abbilden. Während der christliche Teil Verständnis für die Erklärungen der Geistlichen hat, schüttelt der nichtchristliche den Kopf. Die Meinung der Kirche und ihrer Vertreterinnen und Vertreter wird dann als Einmischung in die persönliche Feier angesehen. Die Kirche sieht sich jedoch nicht als Dienstleister, der Erwartungen erfüllt. Viele ihrer Mitglieder und noch mehr Außenstehende verstehen sie aber genauso. Als Partner diskutiert Ihr dann die Frage, wieso sich die Kirche in unser Leben und unsere Entscheidungen einmischt. Eigentlich geht es doch aber um etwas anderes, oder?

Die Formalitäten einer Trauung, die vielen organisatorischen Details der anschließenden Familienfeier können Euch so beschäftigen, dass man sich wunderbar dahinter verstecken kann. Letztlich geht es aber darum, wie sich die Eheschließung für beide Partner anfühlen wird. Ist es für den gläubigen Partner denkbar, den Bund für das ganze Leben ohne Gott einzugehen? Ein Leben lang zusammenzubleiben ist kein Kinderspiel. Auch in ansonsten intakten Beziehungen gibt es Krisen, und ein Ehering allein schützt nicht vor dem Gedanken, ob es nicht einen aufmerksameren Partner oder eine passendere Partnerin geben könnte. Ist es da nicht besser, auch vor Gott zu erklären, dass man den Partner ein ganzes Leben lang »lieben und ehren« wird? Ist es nicht besser, wenn einem der Segen Gottes zugesprochen wird? Schließlich erbitten wir mit dem Segen etwas, das wir selbst ins unserem Leben nicht machen können – also auch die Liebe. Andersherum gilt das auch für den nichtgläubigen Partner: Kann er einem Gott etwas versprechen, dessen Existenz er für eine Illusion hält? Ein guter, aber leider nichtgläubiger Freund hat mir mal in einer ähnlichen Situation gesagt: »Das kann ich nicht machen. Das fühlt sich für mich an, als würde ich sagen, die Erde ist 'ne Scheibe.« Will man am »schönsten Tag des Lebens« in diese Situation geraten?

Nun befinden sich beide Partner in der unangenehmen, weil ungeübten Situation, doch einmal über den Glauben sprechen zu müssen. Oder wenigstens über ihre Bedürfnisse für diese Feier. Das ist eine Hürde. Über den Glauben zu sprechen, fällt uns ungeheuer schwer. Ich halte es aber für unbedingt nötig, wenn nicht sogar unabdingbar. Deswegen findest Du in diesem

Buch ein ganzes Kapitel (siehe Kapitel 14) dazu. Nur, wenn die Gefühle und Gedanken beider Partner auf dem Tisch liegen, können sie versuchen, einander Brücken zu bauen. Daraus kann man organisatorische Hilfen ableiten, die es für beide einfacher machen. Manchmal kann es schon reichen, wenn die Nichtgläubige oder der Nichtgläubige an der entscheidenden Stelle einfach nur »Ja!« statt »Ja, mit Gottes Hilfe!« sagt. Das ist in manchen Trauliturgien, also den festen Ordnungen für Gottesdienste, auch so vorgesehen.

Manchmal erfordert es größere Kompromissbereitschaft. Die Kirchen würden z.B. vielen entgegenkommen, wenn Trauungen auch außerhalb von Kirchengebäuden möglichen wären oder Geistliche auf liturgische Gewänder verzichten würden. Manchmal stoßen sich Nichtgläubige nicht am Glauben, sondern nur an der Atmosphäre oder der Form. Außerhalb der Kirche zu heiraten würde dann ein anderes Erlebnis schaffen, dennoch wäre es eine kirchliche Trauung; vor allem aber wäre es eine Trauung mit Gott. Häufig ist dies rechtlich nicht möglich oder von den Gemeinden nicht erwünscht. Dabei wäre es theologisch einfach, Zugeständnisse in der Form zu machen, um den maßgeblichen Inhalt – die Eheschließung durch das Jawort der Ehepartner vor Gott und den Menschen und die anschließende Segnung – zu erhalten. Zumindest in den evangelischen Landeskirchen kommt da einiges in Bewegung. In Bayern und auch in Hamburg sind kirchliche Agenturen entstanden, die individuelle Wünsche berücksichtigen und ermöglichen wollen. Das ist auch dringend nötig, denn die Kirche und ihre Verwaltung sind für Ungeübte eine große Hürde, und die komplizierte Organisation von Trauungen und anderen Feiern kann schon abschreckend sein. Und da ist man noch gar nicht beim Inhalt der Feier. Die großen Kirchen müssen da dringend freundlicher mit ihren Mitgliedern umgehen.

Andersherum wollen viele Menschen, die selbst nicht an Gott glauben, genau das Gegenteil: Die »Zeremonie« soll möglichst in einer Kirche stattfinden und insgesamt eine traditionelle, wenn auch nicht zu steife Form haben; inhaltlich soll sie aber größtmögliche Distanz zum Glauben haben. So kommt es, dass freie Redner in Kirchen trauen, die sich im Privatbesitz befinden. Im Grunde könnte auch das eine Brücke sein. Der gläubige Partner würde dem Nichtgläubigen dann in puncto Inhalt sehr entgegenkommen, es würde sich anfühlen wie eine traditionelle Trauung, wäre aber eine nichtchristliche. Ich glaube aber, dass eine solche Trauung keine gute Lösung ist. Denn sie würde nur den Charakter einer *kirchlichen* Veranstaltung erhalten, ohne wirklich *religiös* zu sein. Es wäre keine Trauung »mit und ohne Gott«, sondern nur »ohne«. Das bringt einen gläubigen Menschen nicht weiter.

Es gibt also kein Patentrezept, sondern nur die mühsame Suche nach einem Kompromiss. Denn die eigentliche Zeremonie findet entweder mit oder ohne Gott statt – oder etwa nicht? Eine ohne Gott gibt es in jedem Fall, denn alle Kirchen in Deutschland dürfen erst nach einer vorherigen standesamtlichen Trauung eigene Rituale zur Eheschließung anbieten. Zur Not könnte jeder der Partner den einen oder anderen Termin als den eigentlichen ansehen. Allerdings wäre es dann von Vorteil, wenn beide am selben Tag stattfinden würden. Es sei denn, man möchte jedes Jahr zwei Mal Hochzeitstag feiern. Aber wäre das schon der Kompromiss, den beide brauchen?

Ich habe selbst einige Paare getraut, in denen jeweils die Frau gläubig war, eine kirchliche Hochzeit aber wegen formaler Hürden oder aufgrund von Vorbehalten der Partner gegenüber dem Glauben nicht möglich war. Meist haben die Paare selbst einen Ausweg gefunden. Einmal sollte die Trauung nicht in der Sprache der Kirche stattfinden und schon gar nicht in einem Kirchengebäude. Der Ehemann stammte aus Ostdeutschland und war ein erklärter Atheist. Also haben wir die Feier in den Saal einer Gaststätte verlegt und eine weltliche Band angeheuert. Für das Paar war es ein wunderbarer Tag, obwohl einiges schief ging: Die Band kam erst zu spät und konnte dann das einzige Kirchenlied nicht spielen und der Koch wollte stolz seine neue Show-Cooking-Station direkt neben dem Eingang demonstrieren. Schon während der Zeremonie fing er an, die Schnitzel zu braten. Beim Vaterunser hatte ich alle Mühe, gegen Zischen und Fettgeruch anzukommen. Es hat also offenbar einen Grund, weshalb eine kirchliche Trauung üblicherweise in einer Kirche stattfindet. Aber diese Option hatten wir nicht. Eine solche – schon ziemlich weitreichende – Lösung braucht aber vor allem eins: eine Menge Flexibilität auf allen Seiten. Insgesamt war die Feier sehr schön und auch passend für das Paar. Inhaltlich war sie rein christlich, eindeutig eine Trauung mit Gott.

Ich werde diese Trauung aber aus einem anderen Grund nicht vergessen: Die Braut war schwanger, und es gab immer mal wieder Komplikationen. Deswegen habe ich den Bräutigam am Tag vorher angerufen und ihm erklärt, dass ich als gläubiger Mensch während der Zeremonie für dieses Kind und die Mutter beten möchte. Ich würde dafür nicht seine Erlaubnis einholen; ich wollte nur nicht, dass er davon überrascht wird. Schließlich war er bisher sehr skeptisch, was den christlichen Teil seiner Hochzeit anging. Seine Antwort hat mich überrascht: »Ich würde mich sehr freuen, wenn Du für die beiden beten könntest. Ehrlich.« Seitdem bin ich mir sicher: Christliche Feiern können auch Menschen einen Erfahrungshorizont erschließen, die eigentlich keinen persönlichen Zugang zum Glauben haben.

Auf der Suche nach Brücken zu einer gemeinsamen Feier kann man über den Stil nachdenken, den Ort und die Musik. Da gibt es viele Freiheiten. Ganz auf eine christliche Trauung zu verzichten, ginge mir aber zu weit. Eine solche »freie« Trauung – also ohne Bibel, Gebet und Segen – wäre für mich »Die-Erde-ist-eine-Scheibe-Grenze.« Auf der Suche nach einer Lösung für meine eigene Trauung musste sich meine Frau deshalb sehr bewegen. Das fiel ihr leichter, als ich befürchtet hatte. Ihre Haltung dazu: »Ich kann jedem Gott alles versprechen, weil es ihn nicht gibt.« Dieser Satz kann hart klingen und religiöse Menschen vielleicht sogar verletzen. Aber so hat sie ihn nicht gemeint. Sie hat damit sich selbst und auch mir eine Brücke gebaut. Für mich war es eine Trauung mit Gott, für sie eine ohne. Wie passend für ein Paar, das den Glauben nicht teilt, und trotzdem den Rest des Lebens gemeinsam verbringen will. Ich kann Euch nur ermutigen, gemeinsam nach einer Form zu suchen, die sich für Euch beide richtig gut anfühlt. Das Gespräch darüber wird Eure Beziehung vertiefen. Denn der »schönste Tag« im Leben ist keine oberflächliche Inszenierung, sondern ein wichtiger Schritt in der Beziehung. Er zeigt für alle öffentlich an, was in euch vorgeht. Und er zeigt euch selbst, wo ihr in Sachen Glaube steht und worüber ihr noch einmal sprechen solltet.

# 4. Taufe und Kindersegnung

Für die Kinder nur das Beste! Sichere Kindersitze, gesunde Ernährung, gute Schule. Da sind sich alle Eltern einig. Was aber in Sachen Glaube das Beste ist, das wird von Gläubigen oft anders bewertet als von Nichtgläubigen. Es gibt drei mögliche Haltungen dazu: Man lässt Kinder taufen. Oder man lässt sie segnen oder man tut nichts davon und lässt sie später selbst entscheiden. Viele Paare, die sich nicht einigen könne, wählen Option drei und vertagen damit das Thema. Einholen wird es sie aber so oder so. Aber der Reihe nach.

## Taufe

Die Taufe ist etwas Einmaliges. Sie geht auf Johannes den Täufer zurück, einen Verwandten von Jesus, der die Menschen zur Umkehr gerufen hat. Er hat Menschen dazu aufgefordert, ihr altes Leben zurückzulassen und Gott zu suchen. Das Wasser in der Taufe zeigt an, dass die Sünde des Menschen abgewaschen wird, also das, was ihn von Gott trennt, wird bereinigt.[13] Auch Jesus ließ sich von ihm taufen und hat uns aufgefordert, in Namen des

Vaters und des Sohnes und des Heiligen Geistes zu taufen. So ist die Taufe der Akt geworden, in dem man formal Christ wird und damit Mitglied der Kirche. Das eine ist nicht von dem anderen zu trennen.

Im Neuen Testament ist es selbstverständlich, dass Christen sich aufgrund einer eigenen Entscheidung und als Erwachsene taufen lassen. Zwar wird auch mehrfach geschildert, dass sich eine Hausherrin oder ein Hausherr mit dem »ganzen Haus« taufen lassen.[14] Das umfasste damals sicher auch alle Sklaven (ungeachtet dessen, was sie wirklich glaubten, siehe Kapitel 2) und Kinder, die in der römischen Kultur nicht als eigenständige Persönlichkeiten galten. Allerdings ist diese Taufe die Ausnahme. Der biblische Normalfall ist, dass Menschen sich zur Taufe entscheiden, und zwar aufgrund ihres persönlichen Glaubens.

Die Taufe von Kindern wird erstmals im Jahr 197 n. Chr. vom Kirchenvater Tertullian berichtet. In den folgenden Jahrhunderten ist sie schnell weit verbreitete Praxis geworden. Ursache war vor allem die hohe Kindersterblichkeit. Die meisten Menschen starben im Alter unter fünf Jahren. Die Taufe wurde als ein Akt verstanden, der sie faktisch von ihren Sünden reinwäscht. Das bedeutet: Die Säuglinge werden von der sogenannten Erbsünde befreit, also der grundsätzlichen Macht der Sünde über jeden Menschen; die Erwachsenen zusätzlich von allen Tatsünden. Die Kinder sollten auch bei plötzlichem Kindstod vor der Strafe für die Erbsünde bewahrt werden.

So ist die Kindertaufe die am weitesten verbreitete Form der Taufe geworden. In vielen Familien ist der Wunsch noch heute groß, Kinder schon früh zu taufen. Natürlich geht es oft auch darum, die Geburt im Rahmen der Familie angemessen zu begehen. Deswegen ist es schon zu der widersprüchlichen Situation gekommen, dass der nichtgläubige Familienzweig eine Taufe mit

Familienfeier wünscht, der frommere jedoch nicht, weil sie nur die Taufe als bewusste Entscheidung eines Jugendlichen oder Erwachsenen akzeptieren.

Soweit ich es überblicke, ist die Taufe von Kindern jeden Alters in der katholischen Kirche und in den evangelischen Landeskirchen möglich, wenn ein Elternteil Mitglied der Kirche ist. In Ausnahmefällen werden in der Evangelischen Kirche auch Kinder getauft, deren Eltern nicht Mitglied sind. In Freikirchen ist die Taufe als Jugendlicher oder Erwachsener die Regel, jedenfalls muss der Taufe ein persönliches Bekenntnis zum Glauben an Jesus Christus vorausgehen, in vielen Fällen auch ein Unterricht durch die Gemeinde. Wenn eine Kirche die Taufe von Kindern vornimmt, setzt sie immer voraus, dass eine religiöse Erziehung folgt. Manchmal muss das schriftlich oder auch öffentlich im Gottesdienst erklärt werden. Auch wird vorausgesetzt, dass der Glaube später durch das dann mündige Kind bestätigt wird (wie in der Konfirmation). Als Erinnerung an die Taufe soll dann die Taufkerze z.B. an Geburtstagen brennen.

Wie auch immer sie vollzogen wird, die Taufe ist mit der Aufnahme in die jeweilige Kirche verbunden. Gerade, wenn man von dort Hilfe bei der religiösen Erziehung erwartet, gibt das zusätzliche Sicherheit. Auch ist dann die Frage zunächst geklärt, an welchem Religionsunterricht das Kind teilnehmen soll.

Die Lücke zwischen Theorie und Praxis ist gewaltig. Es wird viel versprochen und wenig gehalten. Deswegen gibt es das Amt der Paten. Im Allgemeinen meint man ja, diese Personen sollten sich später einmal um das Kind kümmern, sollte den Eltern etwas passieren. Oder sie sollten als besondere Ansprechpartner zur Verfügung stehen. Kirchenrechtlich sind sie jedoch dafür gedacht, die Eltern bei der religiösen Erziehung zu unterstützen. Ich glaube aber, dass die Möglichkeiten in der Praxis sehr begrenzt sind. Als

Person außerhalb der Kernfamilie kann man Kindern den Glauben nur sehr schwer näherbringen. Es gibt einfach zu wenige Anlässe, und meist beschränkt sich dies auf kleine Geschenke wie eine Kinderbibel oder eine christliche Jugendzeitschrift. Kinder merken sehr wohl, was ihren Eltern wichtig ist, und was nicht. Ein gläubiger Pate allein ist also keine echte Hilfe.

Etwas anders sieht es in den Kirchengemeinden aus, die getaufte Kinder der jeweiligen Jahrgänge zu Tauferinnerungsgottesdiensten oder zum Konfirmandenunterricht einladen oder etwa einen kirchlichen Kindergarten betreiben. Verspricht man sich davon etwas Hilfe bei der religiösen Erziehung, sollte man die Kinder als Säuglinge oder im Kleinkindalter taufen lassen. Allerdings: So oder so bleibt die Hauptaufgabe nicht die Taufe, sondern das Kind mit dem eigenen Glauben bekannt zu machen.

Ich habe schon erlebt, dass Eltern ihre Kinder haben taufen lassen, ohne selbst gläubig zu sein. Es ging ihnen nur um das Familienfest. In meiner Kirche ist die Taufe ein Sakrament – ein von Gott eingesetztes, sichtbares und spürbares Zeichen seiner Liebe und Zuneigung. Daneben haben wir nur das Abendmahl als Sakrament. Mit wertvollen Dingen sollte man auch entsprechend umgehen. Deswegen würde ich es auch für sehr respektvoll halten, Kinder nicht einfach so taufen zu lassen, wenn man selbst nicht gläubig ist. Ein Akt des Glaubens, der eine grundlegende religiöse Entscheidung für das eigene Leben vollzieht und nach außen dokumentiert, sollte nicht nur zur reinen Familienfeier degradiert werden.

Immer wieder gibt es auch Kritik an der Säuglingstaufe. In manchen Gebieten, so hört man, kann man ohne Taufe keinen Kindergartenplatz bekommen. Meiner Recherche nach gibt es tatsächlich noch Kindergartenträger in der Kirche (also z.B. Gemeinden), die Quoten für ihre Mitglieder vorhalten. Bei katholischen

Trägern scheint es häufiger üblich zu sein, bei evangelischen weniger. Auch das muss man – ähnlich wie bei der Trauung – direkt vor Ort erfragen. Es wäre jedenfalls ein schlechter Grund für die Taufe.

## Kindersegnung

In vielen freikirchlichen Gemeinden, die erst ab einem bestimmten Alter aufgrund einer persönlichen Glaubensentscheidung taufen, ist es üblich, Kinder im Säuglings- oder Kleinkindalter segnen zu lassen. Auch in der evangelischen Landeskirche und in der katholischen Kirche ist das möglich. Die Segnung geht nicht auf Johannes den Täufer zurück, sondern auf Jesus. Im Markusevangelium etwa heißt es: »Und sie brachten Kinder zu ihm, damit er sie anrühre. Die Jünger aber fuhren sie an. Als es aber Jesus sah, wurde er unwillig und sprach zu ihnen: Lasset die Kinder zu mir kommen und wehret ihnen nicht, denn solchen gehört das Reich Gottes. Wahrlich, ich sage euch: Wer das Reich Gottes nicht empfängt wie ein Kind, der wird nicht hineinkommen. Und er herzte sie und legte die Hände auf sie und segnete sie« (Mk 10,13-16; LUT).

Im Segen spricht man einer Person zu, dass Gott ihn oder sie begleiten und ihm oder ihr Zeichen seiner Liebe und Gnade schenken möge. Ich übersetze das für Nichtchristen immer so: Segen heißt, dass uns all das geschenkt wird, was wir nicht selbst machen können. Das ist, anders als die Taufe, grundsätzlich wiederholbar und geschieht deswegen auch am Ende jedes einzelnen Gottesdienstes für alle, die daran teilgenommen haben.

Die Feier selbst kann bei der Segnung ähnlich gestaltet werden wie eine Taufe. Ungeübte Kirchgänger erkennen kaum einen Unterschied, zumal der Bibeltext über die Segnung der Kinder auch bei der Taufe gelesen wird. Manchmal wird ein Kreuzzeichen mit Taufwasser auf die Stirn des Kindes gezeichnet. Theologisch und rechtlich ist der Unterschied zur Taufe jedoch enorm, weil die Segnung keine Mitgliedschaft in einer Kirche begründet. Von daher kann man davon ausgehen, dass es dagegen auch weniger Widerstand vom nichtgläubigen Teil der Familie geben sollte, wenn Du eine Segnung von Kindern ins Spiel bringst.

Die Segnung findet, je nach Gemeinde, in einem Gottesdienst der Gemeinde oder in einem zusätzlichen Gottesdienst mit der Segnung eines oder mehrerer Kinder statt. Je nach Wunsch kann sich dann auch eine Familienfeier wie bei der Taufe anschließen.

Die Segnung nimmt das Bedürfnis der Eltern auf, die Geburt eines Kindes mit dem Glauben in Verbindung zu bringen, ist aber im Grunde eine Entscheidung dafür, dass es später selbst entscheiden soll. Auch die Frage des Religionsunterrichts ist dann noch nicht geklärt. Die Segnung führt nicht dazu, dass die Kinder später daran automatisch glauben. Andersherum kann man allerdings auch ungetaufte Kinder zum konfessionellen Religionsunterricht anmelden. Die Schulen fragen das bei der Einschulung ab.

## Sie sollen später einmal selbst entscheiden

Ob mit Segen oder ohne – immer mehr Eltern verzichten auf die Kindertaufe, und meist mit genau diesem Hinweis. Ich finde die Haltung einerseits plausibel. Die Taufe ohne Glauben nützt ihnen später ohnehin nicht als Lebenshilfe, also können sie sich auch genauso gut selbst dazu entscheiden. Sie haben dann auch eine eigene Erinnerung an die Entscheidung und an die Taufe selbst, die schon ein Erlebnis ist. Eine Taufe von größeren Kindern und Erwachsenen wird manchmal im Rahmen von Tauffesten in Flüssen oder Freibädern auch angeboten, was in den meisten Freikirchen üblich ist: dass man ganz untergetaucht wird. Die Täuflinge werden vorher noch einmal gefragt, ob sie sich wirklich taufen lassen wollen. Alle Anwesenden hören die Entscheidung. Und dann lassen sie sich nach hinten fallen (keine Angst, sie werden dabei festgehalten). Sie spüren, wie sie im kalten Wasser gehalten und dann wieder an die Oberfläche geholt werden. Das Ritual zeigt an: Sie werden in ein neues Leben mit Gott geführt. Später werden sie sich gerne an diesen Tag und an den Applaus und die große Freude in der Gemeinde erinnern. Vielleicht erleben sie während ihrer Taufe Gott wie sonst nur selten im Leben. Es könnte einer der wertvollsten Momente ihres ganzen Lebens sein.

»Sie sollen später einmal selbst entscheiden« kann andererseits aber eine Rechtfertigung sein, sich die mühsame Suche nach einem Kompromiss oder ein herausforderndes Gespräch über den Glauben erst einmal zu sparen und das Ganze zu vertagen. Bei näherer Betrachtung ist der Gedanke so etwas wie ein »weißer Schimmel«. Denn auch wenn man es dem Kind in der Wiege noch nicht zutraut: Es wird sich später in jedem Fall selbst entscheiden, egal was wir Eltern getan oder nicht getan haben. Ihre Aufgabe ist es, für die Entscheidung eine Grundlage zu schaffen. Egal wie wir sie schaffen, ob durch Taufe, Kindersegnung oder keinem von beidem – die Grundfrage ist eigentlich, wie Kinder mit dem Glauben bekannt gemacht werden. Sie lehnen sonst nur ab, was sie nicht kennen. Es reicht nicht, mit dem nichtgläubigen Teil Deiner Familie die Formalia auszudiskutieren. Im Kern geht es darum, ob und wie man religiöse Erziehung gestaltet, bzw. wie Kinder Gott und den Glauben kennenlernen sollen. Will man ihnen zeigen, wo die Seele ein Zuhause finden kann, oder will man sie mit der Suche danach alleinlassen? Dagegen ist die Entscheidung pro oder contra Taufe eine überschaubare Aufgabe.

## Und so habe ich es gemacht

Merkwürdigerweise habe ich mir lange gar keine Gedanken darüber gemacht, ob und wann unsere Kinder getauft werden sollten. Das kam wohl daher, dass der Glaube für mich viel mit Erleben zu tun hat. Mit Musik, mit Begegnungen, mit Menschen. Meine eigene Taufe ist gedanklich oft weit weg. Als Theologe weiß ich, dass die Taufe von Säuglingen, wie schon beschrieben, biblisch eigentlich nicht gut bezeugt ist. Andererseits passt sie zur theologischen Grundhaltung meiner Kirche: Gott kommt zu jedem Menschen; seine Liebe ist größer als unsere Entscheidungen. Sie ist reine Gnade, ein Geschenk. Unsere eigene Entscheidung kommt dazu, aber zuerst tritt Gott in unser Leben. Mit der Taufe von Säuglingen zeigt die Kirche, dass Gott schon da ist, bevor wir unsere Entscheidung treffen. Das ist ein wunderschöner Gedanke, aber mir persönlich nicht so wichtig.

Meine persönliche Entscheidung über die Taufe der Kinder war daher anders. Ich habe die Kinder nicht als Säuglinge taufen lassen. Meine Frau hatte mir die Entscheidung überlassen und auch gleich signalisiert, dass ich mich dann auch um alles kümmern könnte. Ich fand das schlüssig und nachvollziehbar: Wenn es mir wichtig ist, habe ich auch die Arbeit. Eigentlich sprach alles für eine Taufe in den ersten Monaten nach der Geburt: Die Erwartungen der gläubigen und nichtgläubigen weitläufigen Verwandtschaft, meiner Arbeitskollegen und meiner Freunde.

Selbst mein eigenes Taufkleidchen hätten wir noch gehabt, im Stil der 70er Jahre. Ich hätte damit eine Art Familientradition begründen können.

Vielleicht ist es nicht für jeden nachvollziehbar, aber meine Entscheidung hatte vor allen einen Grund: Ich wollte mich selbst motivieren. Die Gewissheit, dass die eignen Kinder getauft sind, hätte mir vorgaukeln können, der Glaube wäre dann auch da. So etwa nach dem Motto: Ich habe sie taufen lassen – meine Pflicht als Vater ist getan. Da kann man sich schon mal selbstgefällig zurücklehnen, anstatt den mühsamen Weg zu wählen, regelmäßig mit den Kindern zu beten und mit ihnen über Gott zu sprechen. Männer sind da schon rein statistisch besonders gefährdet, weil Mütter immer noch die meiste Erziehungsarbeit leisten. Da fand ich es wichtig, mich selbst herauszufordern. Denn ohne Glaube ist die Taufe ein leeres Ritual. Sie wäre ohne Bedeutung für die Kinder und ihnen keine Hilfe, sondern eigentlich nur eine Bestätigung für mich. So ist sie aber ganz sicher nicht gedacht.

Auf diesem Weg ist es hilfreich, sich messbare Ziele zu setzen. »Meine Kinder glauben an Gott« – das kann ich mir wünschen, das ist aber nichts, das man »hat« oder »nicht hat«. Zumindest nicht in allen Fällen. Es ist nicht messbar. Es gibt viele Höhen und Tiefen, es gibt tiefe Gewissheiten einerseits und Unsicherheiten über die eine oder andere Frage andererseits – manchmal sogar gleichzeitig. Ich kenne Menschen, die ein tiefes Vertrauen in Gott haben, aber an der Auferstehung Jesu zweifeln. Dass sie sich aber eines Tages dazu entschließen, sich taufen zu lassen, das ist ein Ziel. Mein Ziel. Es wäre ein Meilenstein in ihrem Glaubensleben. Und ein Tag, der ihren Vater sehr glücklich machen würde. Und so bin damals zu der Auffassung gekommen, dass unsere Kinder auf einer guten Grundlage von Erfahrungen und Wissen über den Glauben selbst entscheiden werden.

Ich bin nicht sicher, ob ich diesen Weg so ohne Weiteres empfehlen kann. Dazu müsste ich erst einmal wissen, wohin er bei uns führt. Dazu ist es noch zu früh. Was ich aber sicher anders machen würde: Ich würde sie in jedem Fall segnen lassen. Aber der Gedanke kam mir damals nicht. Schade. Ein Buch wie dieses hätte mir sicher geholfen.

## Und dann ist es manchmal auch eine Machtfrage

Egal wie Ihr euch entscheidet und wie Eure Positionen zur Taufe und zur Segnung genau sind: Die Taufe eines Kindes eignet sich nicht für einen Machtkampf – nicht zwischen den Eltern, nicht zwischen ihren Familien, nicht zwischen den Großeltern. Das alles habe ich schon von ferne erlebt. Die Taufe ist auch ein öffentlicher Akt, der den Glauben einer Familie dokumentiert. Und da kann man, wenn man sich als Teil einer Gemeinde versteht, echten oder auch gefühlten sozialen Druck spüren. Gerade wenn man an Gott glaubt, sollte man sich selbst fragen: Liegt mir wirklich am Glauben, oder habe ich noch andere Gründe als die Tradition oder die Anfragen des sozialen Umfelds für die Taufe? Glaubensfragen entscheidet man besser nicht mit der Phrase »haben wir immer so gemacht«. Das gleiche gilt für die nichtgläubige Familien. Denn auch bei Atheisten gibt es Traditionen und Glaubenssätze. Ich bin sehr dankbar dafür, dass das in unserer Familie kein Thema war.

# 5.
# Mit Kindern beten

Die Betreuung von Kindern durch Dritte wird immer wichtiger. Das bedeutet auch, dass sie immer mehr Dinge außerhalb der Familie lernen. So haben wir uns angewöhnt, auch die Verantwortung für die religiöse Erziehung der Kinder an der Tür von Kindergarten und Schule abzugeben. Es ist bequem, weil wir dann nicht über unseren eigenen Glauben sprechen müssen. Aber es fördert die Haltung, dass Glaube in der Kirche stattfindet, im übrigen Leben jedoch nicht. In Wahrheit ist die Familie ein hervorragender Ort, um den Glauben zu erleben. In allen anderen Dingen, die uns wichtig sind, verlassen wir uns ja auch nicht allein auf die Schule, sondern wir sprechen auch zuhause darüber.

Es liegt auf der Hand, dass jemand wie ich, der über das Gute Nacht-Gebet zum Glauben gekommen ist, dieses Gebet für den wichtigsten Baustein religiöser Erziehung hält. Dass Kindern solche Rituale helfen, abends zur Ruhe zu kommen, findet sich in jedem pädagogischen Ratgeber. Das kann helfen, beim nichtgläubigen Partner die Akzeptanz für das abendliche Beten zu fördern. Wir haben es so gelöst, dass wir die Kinder abwechselnd ins Bett bringen. Ich bete mit den Kindern, meine Frau nicht. Für die Kinder ist das, meiner Beobachtung nach, kein Widerspruch. Das Beten ist eben mit Papa verbunden, der an Gott glaubt. Manchmal beten sie auch allein, wenn ich sie nicht ins Bett bringe. Oder ich komme noch zum Beten ans Bett, auch wenn ich nicht dran bin. Das ist mir besonders wichtig, weil ich aufgrund meiner Arbeit regelmäßig abends unterwegs bin.

Wenn ich nicht da war, und die Kinder unruhig oder nervös waren, hat meine Frau ihnen auch schon vorgeschlagen, es doch mit Beten zu versuchen. Es hat den Kindern teilweise auch sehr dabei geholfen, etwa die Furcht vor einem weiteren Alptraum zu verlieren. Wie kann sie das tun? Es hilft unserer Beziehung sehr, dass sie meinen Glauben zwar nicht teilt, ihn aber als Möglichkeit zur Lebenshilfe besonders für Kinder akzeptiert. Deswegen haben wir nie eine unterschiedliche Meinung dazu gehabt, ob religiöse Erziehung insgesamt stattfinden soll. Gott sei Dank!

Die regelmäßige Routine beim Beten am Abend hilft nicht nur den Kindern; es hilft auch mir, dem Glauben einen festen Platz im Alltag zu geben. Ich frage dann auch öfter mal nach den Themen im Religionsunterricht, oder wir sprechen über die anstehenden Feiertage. Manchmal erzähle ich auch, wofür ich bete. Manche Eltern erweitern das Abendritual noch mit einem Segen oder einer Geschichte aus der Kinderbibel. Bei unseren Kindern passt das nicht so gut. Wahrscheinlich wird jede Familie ihr eigenes Ritual entwickeln müssen.

## Was betet man mit Kindern?

Es gibt zwei verschiedene Gebetstypen. Das eine ist das ritualisierte Gebet. Ein fester Text wird auswendig gelernt und dann gemeinsam oder allein gesprochen. Das Vaterunser ist so ein Gebet, es gibt aber auch einfachere. In dieser Gebetsform ist oft weniger wichtig, dass jedes einzelne Wort verstanden wird oder in dem Moment geglaubt wird. Das Ritual, die vertrauten Worte und die Atmosphäre schaffen einen Raum der Sicherheit, der Ruhe und der Zugehörigkeit. Allerdings haben solche Gebete selbst dann einen Sinn, wenn man sie nicht versteht. Er liegt darin, über das Ritual Vertrauen in die Situation und in Gott aufzubauen. So ist es mir selbst gegangen: Ohne das Gebet zu verstehen, wusste ich, da kannst Du hin mit Deinen Sorgen. Im Idealfall findet man aber trotzdem besser ein Gebet, das den Kindern selbst etwas sagt. Ich habe verschiedene Gebetsbücher für Kinder und auch entsprechende Webseiten ausprobiert, bis ich schließlich ein Buch fand, das meinen Kindern gefallen hat.[15]

Die zweite Gebetsform ist das freie Gebet. Ich selbst bete so, und zwar auch, wenn ich einen Gottesdienst leite. Anfangs habe ich es mit ausformulierten und abgelesenen Gebeten versucht. Sie haben den Vorteil, dass sie sprachlich prägnant und inhaltlich stimmig sind. Ich habe es trotzdem aufgegeben, weil ich das Gefühl hatte, ein Gebet vorzulesen und nicht selbst zu beten. Das passt nicht zu mir. Deshalb habe ich mit den Kindern verschiedene freie Gebete ausprobiert. Der Vorteil ist, dass diese Gebete bewusster gebetet werden. Man muss gedanklich dabei sein, es reicht nicht, sie einfach nur »herunterzuleiern«. Allerdings kommen auch sie häufig nicht ganz ohne feste Anhaltspunkte oder wiederkehrende Phrasen aus, was aber einen hilfreichen Rahmen schaffen kann, den man inhaltlich selbst und spontan füllen kann.

## Bitten und Danken

Wichtig ist mir, dass das Gebet nicht nur Bitten, sondern auch einen Dank enthält. Der Dank ist der Anfang des Glaubens. Bitten kann man Gott um alles; erst wenn man ihm dankt, entsteht eine Verbindung zwischen dem, was wir täglich erleben, und dem, was Gott tut.

Aus all dem haben die Kinder und ich eine Gebetsform gefunden, die das verbindet. In einem Buch fand ich ein Gebet, das meine Kinder sehr ansprach: »Lieber Gott, dieser Tag war so, wie ich ihn mag. Ich hab gespielt und auch gelacht, nun wünsch mir eine gute Nacht. Amen.« Wir haben es so erweitert, dass meine Kinder im zweiten Satz Dinge aufzählen, die sie selbst an dem Tag erlebt haben, und für die sie dankbar sind. Wir haben miteinander oft darüber gesprochen, dass es bestenfalls Dinge sind, die man nicht selbst machen kann. Zum Beispiel, einen neuen Freund gefunden zu haben. Bei Bedarf erweitern wir das Gebet am Ende mit einer Bitte. Wir haben also einen festen Rahmen und einen bewussten Inhalt.

Besonders unsere Tochter legt viel Wert darauf, dass das Gebet zu ihrer Situation passt. Deswegen will sie dieses Gebet nicht sprechen, wenn sie nicht dankbar ist. Dann hilft uns das Gebetbuch weiter, eine Auswahl zu treffen. Und manchmal hilft es auch dabei, dass Gute-Nacht-Sagen noch einige Minuten hinauszuzögern.

Auch wenn Kinder gerne beten – und in der Regel tun sie das –, stellt sich auch dann und wann die Frage, ob das Gebet eine Pflicht sein soll. Wie bei allem anderen gilt: Im Glauben gibt es keinen Zwang, aber Erziehung ohne Verbindlichkeit geht auch nicht. Ich lasse meinen Kindern also die freie Wahl. Ich frage: »Wollen wir beten?« Wenn sie nicht wollen, dann eben nicht. Nach mehreren Tagen in Folge versuche ich dann aber doch, sie zu motivieren. »Meinst Du nicht, wir sollten mal wieder mit Gott sprechen?« Bisher ist das immer gut gelungen, vor allem, wenn es echten Grund für Dank oder Bitten gibt. Das Abendgebet ist fester Bestandteil unseres Alltags geworden. Die Kinder beten auch, wenn ich nicht da bin. Kein Grund für einen Triumph, aber die Grundlage scheint gelegt.

## Das Tischgebet

Dieses Gebet ist mein persönlicher wunder Punkt. Ich finde es wichtig und sehr cool, wenn man vor dem Essen betet. Ich finde die Einstellung wichtig, das Essen nicht als selbstverständlich zu betrachten. Es hilft außerdem, die Lebenshaltung zu verändern und das Dasein dankbar zu empfangen. Und es gibt Gott mitten im Alltag regelmäßig Raum. So sehe ich es *eigentlich*. Aber ich bringe es nicht übers Herz, meine Frau regelmäßig vor dem Essen auszuschließen. So fühle ich mich jedenfalls dabei. Oder ich würde mich so dabei fühlen. Selbst wenn wir christliche Freunde zu Besuch haben, bitte ich darum, dass jeder sein eigenes Gebet spricht, wenn er möchte. Ich möchten niemanden etwas vorspielen, was wir sonst auch nicht tun. Wir teilen unser Leben, wir essen gemeinsam, und zwar von Anfang bis Ende. Was sie nicht mitgehen kann, verlange ich nicht von ihr und ich möchte nicht, dass meine Frau sich regelmäßig ausgeschlossen fühlt. Wenn ich in christlichen Gemeinschaften außer Haus unterwegs bin, bete ich gerne vor dem Essen. Manchmal bete ich auch zuhause still für mich, wenn ich gerade einen Moment der Dankbarkeit empfinde. Aber das kommt aus dem Augenblick und geschieht fast von allein. Ansonsten verzichte ich darauf.

Wenn Du an solche Gebete gewöhnt bist, kannst Du Dir vielleicht nicht vorstellen, wie ich ohne auskomme. Für mich ist das leicht. Ich bin nicht damit aufgewachsen und spüre keinen großen Verzicht. Es fühlt sich eher so an, als würde ich meinen Kindern eine Chance nehmen. Sie hätten sicher Spaß daran, und es würde ihnen guttun. Aber ich kann nicht. Auch wenn ich es eigentlich gerne anders hätte.

# 6. Was man religiöse Erziehung nennt

Wenn jemand das sprichwörtliche Dorf erwähnt, das es angeblich braucht, um Kinder großzuziehen, atmen Eltern, Großeltern, Paten, Freunde und Lehrerinnen und Lehrer sehr tief ein und nicken wissend. Ich glaube, es ist die größte Aufgabe, die man haben kann. Wie kann man da auf die Idee kommen, Kindern keinen Glauben mit auf den Weg zu geben? Mit der Begründung »Sie sollen später einmal selbst entscheiden« und dem Hinweis auf mögliche Beeinflussung durch Kirche werden Kinder nicht getauft oder nicht zum Religionsunterricht angemeldet, und oft findet Glaube auch zuhause nicht statt.

Unsere Kinder haben statistisch die Möglichkeit, 90 oder 100 Jahre alt zu werden. Das ist eine lange Reise. Und man weiß nie, was passiert. Natürlich wollen wir unseren Kindern für diesen langen Weg möglichst viel von dem mitgeben, was uns selbst guttut. Wenn man an Gott glaubt und einen sogenannten »missionarischen Eifer« hat (ich verstehe unter Mission etwas Positives, nämlich die Werbung für ein Leben mit einem liebenden Gott, ohne Menschen zu bedrängen), dann ist das selbstverständlich. Aber auch wenn man das ablehnt, muss man mit Blick auf die Hausforderungen und Umbrüche unserer Zeit sagen: Kinder sollten nach Möglichkeit nicht nur Wissen ansammeln, logisch denken können und kreativ mit Aufgaben und neuen Situationen umgehen können. Sie sollen nicht nur Verantwortung für sich selbst und andere übernehmen können. Und es reicht auch nicht, wenn sie mehr von dem lernen, was wir selbst an unserer eigenen Schulbildung vermissen. Die vielfachen Krisen und die enorme technische Entwicklung stellen sie vor gewaltige Veränderungen unserer Lebensweise, die mutige und tiefgreifende gesellschaftliche und persönliche Anpassungen erfordern. Das alles muss in einem ungeheuren Tempo geschehen und – in einer alternden Gesellschaft – von immer weniger jungen Menschen geleistet werden. Ich glaube, sie brauchen dafür alle Ressourcen, die sie kriegen können.

In den langen Wochen des Pandemielockdowns ist mir immer klarer geworden, dass wir mit der religiösen Erziehung unserer Kinder auch uns selbst helfen. Unter einem Artikel über die Situation junger Menschen auf Zeit online fand ich diesen Kommentar einer Mutter, der mir das vor Augen geführt hat: »… die Mut- und Hoffnungslosigkeit in Anbetracht der Zukunft, die sie erwartet, sehe ich auch bei meinen Kindern. Angesichts von Krieg, Dürre, Corona, Inflation etc. fällt mir auch immer weniger ein, womit ich ihnen Mut machen könnte. Traurig.«[16] Was ich meine: Auch wir Eltern brauchen etwas, mit dem wir unsere Kinder trösten können. Wir können mit ihnen reden. Wir können mit ihnen schweigen. Und wir können mit ihnen beten. Wer an Gott glaubt, hat eben eine Dimension mehr im Leben.

Wer diese Dimension nicht kennt und vielleicht auch nicht vermisst, steht dem vielleicht skeptisch gegenüber. Aber sie oder er kann möglicherweise akzeptieren, dass der Glaube für die gemeinsamen Kinder eine echte Hilfe sein kann – wenn man ein Gottesbild zugrunde legt, das beide Partner mittragen können.

## Wie ist Gott?

Vom Standpunkt der Psychologie aus ist es nicht unumstritten, ob uns der Glaube grundsätzlich nützt oder nicht. Es gibt Menschen, die Religion als gesetzlich und einschränkend erleben, und natürlich gibt es auch Formen von Extremismus. Statt einer Lebenshilfe ist ein solcher Glaube eine Lebensbeschränkung. Nannte Sigmund Freud die Religion also zurecht eine »kollektive Neurose«? Einer der Klassiker zu diesem Thema ist Tilmann Mosers »Gottesvergiftung«. In dem Buch beschreibt der Psychoanalytiker, welchen Schaden eine protestantisch-enge Erziehung in seinem Leben angerichtet hat. Dabei kritisiert er vor allem das Gottesbild, das ihm vermittelt worden war: Ihm wurde der Glaube an einen übermächtigen Gott vermittelt, was sein eigenes Selbstwertgefühl zerstörte. »Was wird der liebe Gott dazu sagen?«, war der Satz in seinem Leben, der ihn am meisten eingeschüchtert hatte. Anstatt mit den Kindern über Ängste und Gefühle zu sprechen, haben seine Eltern Gott als Erziehungshilfe missbraucht. So hatte er früh gelernt: Gott ist erbarmungslos, jeden Fehler sieht er und bestraft er.[17]

Ein Gottesbild wird nicht nur bewusst weitergegeben; es wird oft auch wie nebenbei in Bildern, Liedern und kurzen Bemerkungen vermittelt – und manchmal in der besten Absicht. Und genau deswegen muss man da sehr umsichtig sein. Beispielsweise wird nur eben ein nettes Lied für den Kindergottesdienst gesucht. So wie »Pass auf, kleines Auge, was du siehst«[18]. Es war früher in manchen Gemeinden sehr populär und findet sich in zahlreichen Liederbüchern. Da heißt es in Anlehnung an Matthäus 5,29:

*»Pass auf, kleines Auge, was du siehst!*
*Denn der Vater in den Himmeln will das Beste für dich,*
*drum pass auf, kleines Auge, was du siehst!«*

Nach dem Schema geht es dann in den folgenden Strophen weiter:

*»Pass auf, kleines Ohr, was du hörst …«*
*»Pass auf, kleiner Mund, was du sprichst …«*
*»Pass auf, kleine Hand, was du tust …«*
*»Pass auf, kleiner Fuß, wo du gehst …«*
*»Pass auf, kleines Herz, was du glaubst …«*
*»Pass auf, kleines Ich, werd' nicht groß …«*

Die Wirkung des Liedes ist leider nicht so unschuldig, wie es vielleicht scheint. Denn die Botschaft ist auch hier: »Der liebe Gott sieht alles«. Da ist er, der übermächtige Gott. Viele werden das Lied als Kind gehört haben, ohne dass es besonderen Eindruck gemacht hat. Trotzdem ist es das einzige Lied, über dessen Folgen Menschen mit mir seelsorgerlich sprechen wollten. Bei einer Person denkt man sich noch nichts dabei, ich kannte das Lied selbst nicht aus meiner Kindheit und habe gedacht, es würde sich um einen tragischen Einzelfall handeln. Im Laufe der Jahre waren aber diverse Frauen und Männer unterschiedlichen Alters bei mir, die allesamt als Kinder darunter gelitten haben und zum Teil noch heute darunter leiden. Da sieht man, welche Verantwortung wir haben, wenn wir Kindern von Gott erzählen!

Im Laufe der Zeit schien mir das Lied dann immer weniger unschuldig. Heute frage ich mich: Wie kann man auf die Idee kommen, einem Menschen, der mitten im Wachstum der Persönlichkeit ist, der seinen Weg ins Leben sucht und dafür eigentlich Wärme und Licht braucht, solche Sätze in die Seele zu gravieren mit einer eingängigen Melodie, die dazu auch noch unschuldig daherkommt und mit passenden Bewegungen (Zeigefinger auf den Mund – »pass auf, was du sagst«) unterlegt wird? Der ewige Gott als pädagogischer Vorschlaghammer, damit das »Ich« nicht zu groß wird. So eine Erziehung macht Gott nicht groß; es macht ihn klein. Der Glaube ist hier nicht Ziel der Erziehung (soweit man sich das als Ziel setzen kann), sondern Mittel der Erziehung. Und auch der Bibelvers wird missbraucht: Es wird etwas gelehrt, was er nicht enthält. In Matthäus 5,29 geht es um den Ehebruch, und das scheint mir nicht das Thema für den Kindergottesdienst zu sein.

Dieses Beispiel zeigt eindrücklich: Mit einzelnen zusammenhanglosen Bibelversen kann man viele – auch ungesunde – Vorstellungen von Gott rechtfertigen. Wir sollten uns gegen solche Gottesbilder wehren. Denn uns zu lieben ist nicht eine Eigenschaft Gottes unter vielen, es ist sein Wesen (1 Joh 4,16: »Und wir haben erkannt und geglaubt die Liebe, die Gott zu uns hat: Gott ist Liebe; und wer in der Liebe bleibt, der bleibt in Gott und Gott in ihm.«) Daraus entsteht ein Vertrauensverhältnis, in dem Angst keinen Platz hat. Wir lernen den Glauben doch von Jesus, in dem Gott selbst Mensch wird und sich verletzlich und nahbar macht, um die Distanz zwischen Gott und Mensch zu überwinden. Gott kommt nicht, damit wir Angst haben, sondern damit wir Vertrauen haben. Jesus ist unser Vorbild, die Vorlage für ein gelungenes Leben. Unser Verhältnis zu Gott soll werden, wie sein Verhältnis zu Gott war. Und das war eng und vertrauensvoll. Jesus selbst redete Gott in seiner Sprache, dem Aramäischen, als »Abba« an. Das bedeutet wörtlich »Papa«. Im später in griechischer Sprache verfassten Text des Vaterunsers ist dann die etwas distanziertere Anrede Gottes daraus geworden.[19] Deswegen kann man auch nicht oft genug mit Kindern die Geschichte vom verlorenen Sohn erzählen, lesen oder besprechen (Lukas 15): Ein Vater hat zwei Söhne. Der eine lässt sich das Erbe auszahlen, was er innerhalb kürzester Zeit für Unsinn ausgibt. Als er hungrig und verzweifelt wieder zurück nach Hause kommt, lässt der Vater alle patriarchalen Attitüden fallen und rennt – für den antiken Leser völlig undenkbar – dem Sohn entgegen, um ihn in die Arme zu schließen. Der mächtige würde warten, bis der Sohn kommt. Den liebevollen hält nichts auf. Er läuft los und vergibt. Eigentlich müsste die Geschichte »Von den verlorenen Söhnen heißen«. Denn auch der andere Sohn braucht Vergebung. Er erwartet weiter den machtvollen Vater und gönnt dem ersten die Willkommensfeier nicht.

Gott ist Liebe. Wir sind Kinder Gottes und sollen wachsen in die Richtung, die Jesus gezeigt hat. Das ist ein biblisches Gottesbild, das Gott groß macht und die Menschen, die an ihn glauben. Wer die Bibel ernsthaft liest und seine liebgewonnenen Ansichten von ihr in Frage stellen lässt, wird dieses Gottesbild dort finden.

Dass es auch schlechte Erfahrungen mit dem Glauben gibt, spricht nicht dafür, den Glauben an Gott grundsätzlich abzulehnen. Es spricht viel mehr dafür, die Vermittlung von Glauben nicht einfach aus der Hand zu geben und sich auch kritisch zu fragen: Mit welcher Absicht erzähle ich von Gott – mit welcher Absicht geschieht das in Schule und Gemeinde? Wer seine Kinder zu selbstständigen mutigen und liebevollen Menschen erziehen will, wird auch auf das Gottesbild achten, das ihnen vermittelt wird. Das ist meiner Meinung nach die wichtigste Aufgabe religiöser Erziehung. Es geht nicht in erster Linie um die Vermittlung christlicher Praktiken oder Lehren, nicht um Riten, Gebete und Lieder. Das ist alles wichtig. Aber zuerst geht es darum, ein eigenes tragfähiges Gottesbild zu finden und zu vermitteln, aus dem später Identität, Haltungen und Einstellungen wachsen können. Das ist es, was man »religiöse Erziehung« nennt, und mehr kann sie auch nicht leisten. Zum Glauben erziehen kann man eben nicht.

Übrigens ist auch Tilmann Moser über 25 Jahre später wieder zu einer positiven Sicht auf den Glauben gekommen. »Es scheint nachgewiesen«, sagt er in einem Interview, »dass diejenigen zuversichtlicher sind, die ihre Sorgen Gott anvertrauen können. Viele haben bessere soziale Beziehungen, vor allem wenn sie in einer gutartigen Gemeinde leben. Für manche ist ihr guter Glaube eine Lebensstütze, die ihnen hilft. Ich bin zur Einsicht gekommen, dass Religion eine Ressource sein kann. Echte Frömmigkeit kann eine Kraftquelle sein. Menschen, die mit einem gutartigen Gottesbild durchs Leben gehen, haben allerhand psychische Vorteile.«[20]

Ich meine, das können wir unseren Kindern, Enkeln und Patenkindern unmöglich vorenthalten. Oder anders gesagt: Wenn wir Fußball lieben, nehmen wir unsere Kinder mit auf den Platz. Wenn wir Musik lieben, kaufen wir ihnen Instrumente. Wenn uns Großzügigkeit wichtig ist, bringen wir ihnen bei, mit Freude zu schenken. Aber eine der wichtigsten Quellen in unserem Leben für Kraft, Sicherheit und Freude wollen wir ihnen nicht zeigen? So herzlos können wir nicht sein. Überzeugte Fußballeltern erklären abends auf der Bettkante auch noch einmal eben schnell, wie das mit dem Abseits war.

# 7.
# Sollen Kinder am Religionsunterricht teilnehmen?

Wie war Dein Religionsunterricht in der Schule? Meiner war von Extremen geprägt und bewegte sich dementsprechend zwischen engagierter Lebenshilfe (Drogen), distanzierter Religionskunde (viel Judentum, fast kein Christentum) und waschechter Theologie auf Uni-Niveau inklusive vorheriger Bibelkunde-Prüfung. Ich habe sehr gläubige Lehrer gehabt, sehr verkopfte und welche, die über den Glauben nur als etwas Abstraktes, aber nie als etwas Persönliches sprechen konnten. Was hat er mir für mein eigenes Christsein, für meinen eigenen Glauben gebracht? Ich bin mir selbst nicht sicher.

Wenn man Mission erwartet, mag man den Erfolg des schulischen Religionsunterrichts in Frage stellen. Die meisten im Westen Deutschlands aufgewachsenen Menschen haben ihn besucht. Zusammen mit dem kirchlichen Unterricht sind das durchschnittlich rund 630 Zeitstunden. Fast 80 Arbeitstage oder vier Monate in Vollzeit. Sind unsere Kirchen deswegen voll? Hat die Kirche dadurch eine blühende Zukunft? Wohl weniger. Glaube hat also weniger mit Wissen über theologische Sachverhalte zu tun.

Allerdings: Das ist auch nicht sein Anspruch. Der Religionsunterricht missioniert nicht, er informiert. Er will biblische Inhalte vermitteln und darstellen, was Christinnen und Christen (und andere Gläubige) glauben und wie sie diesen Glauben leben können; er vermittelt Bräuche, Lieder und Gebete. Und damit hat er in weiten Gegenden Deutschlands etwas sehr Wertvolles gebracht, nämlich Grundkenntnisse über den christlichen Glauben. Anders als z.B. in einigen anderen Ländern Europas kennen auch viele nichtgläubige Menschen die Gleichnisse Jesu. Sie wissen, was ein Gebet ist und was die Zehn Gebote sind.

Natürlich darf man das nicht überbewerten: Zu wissen, was die Zehn Gebote sind, bedeutet nicht, ihren Inhalt zu kennen oder danach zu leben. Trotzdem ergab eine Umfrage von TNS Emnid im Jahr 2014, dass 80% der Deutschen wissen, was an Ostern gefeiert wird[21] – 20% wissen es dementsprechend aber auch nicht. Dennoch muss man sagen: Es erleichtert die Kommunikation zwischen Gläubigen und Nichtgläubigen enorm. Man muss nicht immer buchstäblich bei »Adam und Eva« anfangen, und deshalb muss man nicht so viel erklären. Für einen gläubigen Elternteil entstehen durch den Unterricht auch viele Anknüpfungspunkte, wenn man sich für die Inhalte des Unterrichts interessiert. Auch wenn Kinder den Unterricht vielleicht nicht wichtig finden, kann er durch das Interesse von Eltern, Freunden oder Paten eine gewisse Bedeutung bekommen.

Religiöse Praxis im weitesten Sinne findet im schulischen Religionsunterricht seltener statt. Wie eine Umfrage unter Grundschullehrkräften gezeigt hat, findet nur eine schwache Mehrheit der Lehrkräfte das Gebet wichtig und weit weniger tun es auch in der Schule, und zwar nur rund 20%.[22] Der Unterricht informiert also, versucht allerdings nicht, Glaubensleben im Schulalltag zu verankern. Studien zeigen, dass Jugendliche ihre eigenen Gebetsversuche weitgehend ohne Begleitung durch die Schule unternehmen.[23] Und da in unseren Familien wenig über den Glauben gesprochen wird, kommt von dort – also von uns Gläubigen – auch keine Hilfe. Auf ein anderes Schulfach übertragen: Das wäre so, als würden wir unsere Kinder in der Schule das Einmaleins lernen lassen, ohne sie auch nur einmal ausrechnen zu lassen, wie viele Flaschen in einem Kasten Wasser sind. Wenn wir uns für das interessieren, was unsere Kinder lernen, suchen wir natürlich nach Anwendungsbeispielen in Alltagssituationen. Das Lernen wird sonst irrelevant. So ergeht es der Mathematik, so ergeht es dem Religionsunterricht.

Der Schulunterricht leistet also keine Mission. Faktisch nicht, wie unsere Erfahrung zeigt. Und wie wir schon gesehen haben, theologisch gesehen auch nicht, weil der Glaube nicht durch Menschen entsteht. Es ist auch nicht sein Anspruch. Man lernt dort nicht zu glauben, man lernt die Inhalte des Glaubens kennen. Und das kann eine wichtige Ressource für den späteren Lebensweg sein. Deswegen kann man auch als Nichtgläubiger nicht ernsthaft etwas dagegen haben, die Kinder in den Unterricht zu schicken, solange sie noch nicht selbst entscheiden können. Man meldet sie auch für den Klavierunterricht an, wenn man sich selbst für unmusikalisch hält. Das wäre auch eine mögliche Sicht auf den Religionsunterricht.

# 8.
# Und dann entscheiden sich die Kinder dagegen

Da hat man sich alle Mühe gegeben, hat mit den Kindern gebetet, ihnen von Gott erzählt und sie auf kirchliche Ferienzeiten geschickt und vieles mehr – und dann wählen sie einen anderen Weg. Sie nehmen nicht am Unterricht der Gemeinde teil. Sie melden sich von Religionsunterricht in der Schule ab oder treten aus der Kirche aus. Das kann aus rein praktischen Gründen geschehen, zum Beispiel weil ein Lehrer mehr schadet als nützt oder Termine nicht passen. Das meine ich hier aber nicht. Ich meine eine formale Entscheidung gegen den Glauben als Ausdruck der innerlichen Entfremdung von Gott oder der Kirche.

Die Entscheidung, zu einer Religionsgemeinschaft zu gehören oder am Religionsunterricht teilzunehmen oder nicht, ist ein wichtiger Schritt auf dem Weg, Verantwortung für das eigene Leben zu übernehmen. Nehmen wir den Schulunterricht: Viele Kinder werden zum ersten Mal in ihrem Leben von der Schule gefragt, ob sie an diesem Fach teilnehmen wollen. Und sie äußern sich zum ersten Mal rechtsverbindlich. Zwar erhalten sie schon vorher andere Rechte, wie die beschränkte Geschäftsmündigkeit im Alter von sieben Jahren, aber das hat im Alltag kaum Auswirkungen. Mit dem Glauben ist es anders: Der Gesetzgeber möchte, dass junge Menschen sich in dieser Frage selbst entscheiden – nur in Bayern und im Saarland braucht es bis zum 18. Lebensjahr noch die Zustimmung der Eltern. Die eigene Entscheidung schon im Jugendalter zu treffen ist keine neue Mode. Das Gesetz ist schon von 1921.

»Selbst« kann aber eben auch bedeuten: Gegen den Willen der Eltern. Das »Selbst« ist in der Jugend ein wechselhaftes, manchmal auch zerbrechliches Gut. Der Freundeskreis ist ein maßgeblicher Faktor, kann sich aber auch regelmäßig ändern. Wenn »alle anderen« nicht zum Konfirmationsunterricht oder in die Jugendgruppe gehen, dann ist die Entscheidung zwar nicht wirklich *frei* getroffen, aber in Beton gegossen. Schließlich braucht das Jugendalter unbedingt das Gefühl, Teil einer gleichaltrigen Gruppe zu sein. Da hilft es wenig, wenn Eltern oder Paten es »wichtig finden«. Andererseits: Die Tendenz zur Abgrenzung zu den Eltern ist in einer mehrheitlichen nichtgläubigen Gesellschaft auch eine Chance. Ein ehemaliger Kollege von mir hat mal erfolgreich mit dem Slogan geworben: »Schock Deine Eltern – geh in den Gottesdienst!« Tatsächlich wollten sich da Jugendliche taufen lassen, deren Eltern davon gar nicht angetan waren. Denn auch das können Eltern dann nicht mehr untersagen.

Ich finde, man sollte diese erste Entscheidung über das eigene Leben ernst nehmen. Ich wünsche mir so sehr, dass unsere eigenen Kinder zum Unterricht gehen und konfirmiert werden und auch, dass sie Mitglied meiner Kirche werden. Noch mehr wünsche ich mir, dass unsere Kinder den Glauben an Gott, wie ihn Jesus Christus uns gezeigt hat, finden und als Quelle für ihr Leben und Hilfe für ihren Alltag erleben. Und ich spüre da meine Verantwortung als Vater vielleicht sogar noch stärker als in anderen Lebensbereichen meiner Kinder. Aber auch als Christ muss ich sagen: In der Schöpfung ist es so eingerichtet, dass

Menschen innerlich und äußerlich wachsen. Dass die Bindung zu den Eltern bleibt, aber im Laufe der Zeit eine andere Ebene erreicht. Und dass es in diesem Alter ungefähr so weit ist, die Entscheidungen zu akzeptieren.

Eigentlich müssen wir dem Staat für diese Regelung dankbar sein. Denn Zwang und Glaube passen ganz und gar nicht zusammen. Sicher: Ich kenne auch Menschen, die ihren Eltern heute sehr dankbar dafür sind, dass der Gottesdienstbesuch eine familiäre Pflichtveranstaltung gewesen ist. Aber die Pflichten, die Eltern im Jugendalter noch durchsetzen können, werden im Laufe der Zeit immer weniger. Sind unsere Kinder noch wirkliche Kinder, treffen wir Eltern eben ständig Entscheidungen für sie. Mit der Zeit müssen wir das abgeben. Auf diesem Weg ist die Entscheidung zum kirchlichen Unterricht ein wichtiger Schritt. Sie entscheiden. Wir haben nur noch beratende Funktion. Und das ist auch gut.

Kinder sollen also tatsächlich einmal selbst entscheiden. Aber nicht ohne eine solide Grundlage. Ohne Unterricht durch Lehrerinnen und Pfarrer, ohne Gespräche über den Glauben mit Gläubigen und Nichtgläubigen, ohne das Gebet auf der Bettkante, ohne das Engagement von Freunden, Verwandten, Schule und Kirche werde Kinder niemals eine mündige Entscheidung treffen können. Sie würden nur etwas ablehnen, was sie nicht kennen. Was für ein Schatz ihnen damit verloren ginge!

Aber trotz allem können sie sich gegen den Glauben entscheiden. Oder sie können ihn vielleicht einfach nicht teilen. Was will man machen, wenn sie Gott einfach nicht spüren können? Warten. Einfach warten. Es bringt nichts, sich deswegen zu streiten oder jemanden zu drängen. Auch spitze Bemerkungen oder ein geseufztes »eines Tages wirst Du auch noch zu Gott finden« wird es nicht besser machen. Wir sind es nicht, die den Glauben machen; wir sind die, die ihn empfangen. Unsere Aufgabe ist, über Gott zu sprechen. Unsere Aufgabe ist es, mit Kindern zu beten und ihnen die Liebe, Fürsorge und Gnade Gottes vorzuleben, so gut es eben geht. Und wenn dann kein Glauben entsteht, dann können wir unsere Kinder gehen lassen. Den Weg zurück kennen sie ja. Und natürlich können wir uns weiter mit ihnen über Gott auseinandersetzen. Aber liebevoll. Deswegen den Kontakt zu Kindern einzuschränken oder abzubrechen, das könnte ich nicht. Und ich bin mir sicher, dass Gott darüber die Stirn runzeln würde. Wir haben doch von ihm gelernt: Es gibt keine Bedingung für die Liebe.

# 9. Weihnachten und Ostern: Familienfeste mit Nichtchristen

Ostern und Weihnachten sind Feste des Glaubens und gleichzeitig Familienfeste. Zumindest, solange das Christentum Teil unserer Kultur ist. Das wird allerdings weniger. Die Zahlen lügen nicht: 2019 besuchten nur 23% der Bundesbürger einen Ostergottesdienst[24], 2003 waren es noch 37%[25]. Weil es weniger Traditionen gibt und weniger gemeinsame Überzeugungen, dafür aber immer mehr Patchworkfamilien, wird es immer schwieriger, Glaube und Familie unter einen Hut zu bekommen. Das ist für beide Seiten nicht einfach, für die Gläubigen nicht, für Nichtgläubige auch nicht. So bemüht man sich, neue Traditionen zu schaffen, die beides miteinander verbinden. Ein Beispiel dafür ist das Stadionsingen an Weihnachten: Ein Gemeinschaftserlebnis mit niedrigem (manchmal auch nicht vorhandenem) religiösen Anspruch außerhalb der vollgestopften Kalender der Weihnachtsfeiertage – Patchworkfamilie heißt ja eventuell, dass man zwei Großelternpaare mehr unter den Hut bekommen muss. Man trifft sich terminlich, räumlich und inhaltlich auf weitgehend neutralem Boden und erlebt gemeinsam etwas. Gar nicht schlecht. Auch wenn sich das Maß vielerorts weiter zu Gunsten des Familienfestes verschiebt.

Das alles ist kein neuer Trend. Dass auch Feste einer dauernden Veränderung unterliegen, dass Traditionen abbrechen und neue entstehen, ist ein stetiger Prozess. Wenn wir »früher« sagen, meinen wir meist unser eigenes Erleben als Kind oder ein nicht näher bezeichnetes »irgendwann früher«. Denn einen objektiven Ursprung gibt es meist nicht. Nehmen wir Weihnachten als Beispiel: Der 25. Dezember wurde schon von den Römern als Fest des Sonnengottes Sol gefeiert, erstmals anlässlich der Einweihung seines Tempels im Jahr 274 n. Chr. unter Kaiser Aurelian. Sol wurde mit diesem Tag in den Status eines Staatsgottes erhoben. Den Kult um einen Sonnengott mit einer Lichtfeier im Winter hatten die Römer aus Persien übernommen, nun wird das Fest zunächst alle vier Jahre gefeiert. Erst als das Christentum im 4. Jahrhundert n. Chr. römische Staatsreligion wird, entsteht Weihnachten als christliches Fest an diesem Datum. Nach dem damals gültigen Julianischen Kalender ist der 25. Dezember das Fest der Wintersonnenwende. Das Licht der Welt wird also in der dunkelsten Nacht des Jahres geboren.

Das Fest wird in den darauffolgenden Jahrhunderten sehr unterschiedlich begangen. Mal mit Baum, mal ohne. In einigen europäischen Gegenden ist es ein öffentliches Fest der Dorfgemeinschaft, ähnlich unserem Silvester oder Karneval.[26] Die Geschenke werden aber meist am Nikolaustag gebracht. Das ändert erst die Reformation: Martin Luther »erfindet« die Bescherung an Weihnachten, weil er die Verehrung von Heiligen ablehnt. Da steht der Weihnachtsbaum aber noch nicht in der guten Stube – er steht mitten auf dem Hof, damit auch alle etwas davon haben. Denn noch sind Arbeit und Privatleben nicht voneinander entkoppelt, und zum Haushalt gehören oft mehr Menschen als nur die Kleinfamilie: Mägde, Lehrlinge und Gesellen, Großeltern und Verwandte ohne eigenen Haushalt. Erst mit der Industrialisierung entstehen feste

Orte für die Arbeit außerhalb des Wohnortes. Das Zuhause wird zum Rückzugsort, und so wird Weihnachten im 19. Jahrhundert zum Familienfest. Damit beginnt auch die Kommerzialisierung des Festes. Die Diskussionen, ob dadurch nicht der christliche Kern des Festes verloren geht, stammt ebenfalls aus der Zeit.[27] Zu welchem »früher« wollen wir also zurück?

Vielleicht ist Weihnachten schon sehr lange kein rein christliches Fest mehr. Die weitere Entwicklung zum Familienfest wird sich jedenfalls nicht aufhalten lassen. Ein deutliches Zeichen dafür: Längst wird man nicht mehr sozial geächtet, wenn man sich zum Fest nicht in der Kirche blicken lässt. Das gesellschaftliche Stigma ist stattdessen, an Weihnachten allein und ohne Familie zu sein. Die Elemente des Weihnachtsfestes haben schon den Weg in andere Religionen und Kulturkreise gefunden, und das wird wiederum Einfluss auf unsere Traditionen nehmen. Dass im Jüdischen Museum in Berlin ein Weihnachtsbaum steht, wundert niemanden mehr – der Baum an sich ist ja auch kein christliches Symbol. Und wer je die Ströme chinesischer Besucher im Weihnachtshaus von Käthe Wohlfahrt in Rothenburg ob der Tauber gesehen hat, weiß: Weihnachten ist ein echter Exportschlager und längst in Asien angekommen, und sicher wird eine angebliche fernöstliche Tradition den Weg zu uns finden. So ähnlich ist es auch mit der Gurke im Weihnachtsbaum gewesen. Wer sie findet, darf als erster das Geschenk auspacken. Dieser Brauch gilt hier bei uns als angloamerikanisch. In den USA hält man ihn für eine alte deutsche Sitte. Es ist also sinnlos, auf verlorengegangene christliche Traditionen zu pochen, die es ohnehin nicht »früher immer« gegeben hat. Es ist zu vermuten, dass das Osterfest einen ähnlichen Weg gehen wird.

Wie »heilig« kann aber diese besondere Nacht noch sein, wenn sie in Wahrheit »mütterlich-heimelige Nacht« heißen müsste? Anders gefragt: Wer braucht noch Kind, Krippe und Erlöser? Wer braucht noch die Auferstehungshoffnung von Ostern – wo das Fest doch sicher denselben Weg der Kommerzialisierung nimmt wie Weihnachten? Du. Und Deine Familie auch.

Als Christin, als Christ sucht Du trotz aller Säkularisierung nach dem religiösen Kern solcher Tage. Mein Eindruck ist, dass sich viele Christen in unserer Lebenssituation eher Nischen außerhalb der familiären Stoßzeiten suchen: Statt zur Bescherungszeit gehen viele an Heiligabend in einen Spätgottesdienst. Eine Lösung für Ostern: Statt an Ostern gehen manche an Karfreitag. Sie suchen ihr eigenes Ostererlebnis, weil sie es in der Familie ja nicht wirklich teilen können. Statt an Ostern oder Weihnachten suchen sie nach Ruhepunkten und besonderen Gottesdiensten oder Ritualen im Advent oder in der Passionszeit. Das ist eine Möglichkeit für Dich, und vielleicht ist es sogar eine sehr gute.

Ich glaube aber: Wenn eine neue gemeinsame Tradition entstehen soll, sollten beide Partner etwas einbringen dürfen. Das gilt für die Bräuche, vor allem aber für die Termine in der Adventszeit und an den Weihnachtstagen. Wieso solltest Du nicht etwas Christliches einbringen dürfen? Meistens ist es dann einfacher, wenn das Religiöse einen Nutzen für die gesamte Familie hat. Der Gottesdienst an Heiligabend kann gleichzeitig ein Treffpunkt mit vielen lieben Bekannten aus der Nachbarschaft sein – so ist das bei uns zuhause. So hat der Kirchgang genau die soziale Funktion, die er neben der religiösen Bedeutung immer schon hatte. Oder man kann gemeinsam eine Krippe für das eigene Wohnzimmer aussuchen. Vor allem aber kann man nach einer gemeinsamen Weihnachtsbotschaft suchen, nach einem gemeinsamen Zweck des Festes, der jenseits der Familie gefeiert wird. Zum Beispiel: »Es soll Frieden werden auf Erden. Zwischen Gott und den Menschen. Und zwischen den Menschen«.

Ich empfehle, das Gemeinsame zu suchen. Ich empfehle den mühsamen Kompromiss, der manchmal beide Partner aus der Komfortzone holt. Denn das Fest hat eben nicht nur für Dich eine Bedeutung. Es dient auch dazu, den familiären Zusammenhalt zu festigen und Kindern mit zuverlässigen Ritualen Sicherheit zu geben. Und das ist eben auch ein Wert an sich. Darüber hinaus muss man aber auch wissen: Religion wird nur dann eine Rolle in der Familie spielen können, wenn sie insgesamt als »familienstützend« erlebt wird[28]. Es muss also insgesamt einen Nutzen für alle haben. So wie eben am Beispiel des weihnachtlichen Kirchgangs beschrieben. Wir hatten das auch schon beim gemeinsamen Gebet mit Kindern gesehen: Es bringt den Glauben in die Eltern-Kind-Beziehung und hilft gleichzeitig dabei, ein Ritual zu finden und den Beginn der Schlafenszeit zu signalisieren.

Wird der Glaube da nicht einem fremden Zweck unterworfen? Ist er nicht ein Wert an sich? Nun: Wenn er uns als Gläubigen nicht in irgendeiner Form »nützen« würde, hätten wir ihn schon längst verloren. Und wir können an unser nichtgläubiges Umfeld keine höheren Maßstäbe anlegen als an uns selbst.

# 10.
# Geld für den Glauben und die Kirche

»Die Blumen sind großartig! Hast Du mal einen Zehneuroschein für mich?« – »Leider nein. Ich habe eben mein ganzes Bargeld für die Renovierung der Kirche da vorne gegeben.«

Dieses Gespräch wäre keiner Erwähnung wert, wenn es nicht am gefühlten »Ende der Welt« irgendwo in Lettland stattgefunden hätte, wo Bargeld schwer zu beschaffen ist. Und wenn es zwei Ehepartner geführt hätten, denen die Kirche gleich wichtig ist. So ist es symptomatisch für unsere Beziehung. Aber auch deshalb, weil wir beide drüber lachen können. Die Rückfallgefahr ist gering: Ich spende eigentlich grundsätzlich nicht für den Kirchbau. Ich spende für Menschen. Aber dieses kleine verschimmelte Kirchlein mit seiner lebendigen Gemeinde hatte mich irgendwie dazu verführt, meine Prinzipien zu brechen.

Geld kann ein nicht unerheblicher Stressfaktor in einer Beziehung sein. Deswegen sollte man auch dieses Thema nicht ausklammern. Christlicher Glaube kostet erst einmal kein Geld; die Mitgliedschaft in einer Kirche aber schon. Im besten Fall führt der Glaube außerdem zu dem Bedürfnis, die Liebe zu Gott oder zum Nächsten auch mit Spenden für soziale Projekte, Kirchbau oder Mission auszudrücken. Das können vergleichsweise kleine

Beträge sein. In der Creativen Kirche freuen wir uns über ein außerordentlich gutes Spendenergebnis, wenn wir fünf Euro pro Gottesdienstbesucher sammeln. Das ist eine Summe, über die die allermeisten nicht nachdenken. Man kann aber auch in eine Situation kommen, in denen die Summen andere Größenordnungen haben. Der Glaube kann einem das Herz so öffnen, dass es eine wirklich großzügige Spende sein soll. Und allein schon die Kirchensteuer als Beitrag in einer der sogenannten »Volkskirchen« kann, je nach Einkommen, eine Größenordnung haben, mit der man bei vielen spendenbasierten Organisationen als Großspender oder Großspenderin gilt. Einige hundert Euro Beitrag im Jahr sind viel, wenn das Geld an anderer Stelle fehlt.

Wieviel Geld *soll* man eigentlich geben als Christin oder als Christ? Das Alte Testament nennt die Abgabe des »Zehnt«, also des zehnten Teils des Besitzes z.B. als jährliche Gabe für die Leviten, die den Tempeldienst übernahmen und deswegen kein Land besitzen durften.[29] Von Jesus wird dieser Zehnt noch als gängige Praxis vorausgesetzt (Mt 23,13), im Hebräerbrief wird die Regelung als überholt angesehen (Hebr 7,6.12), weil der Dienst der Priester im Tempel nicht mehr nötig ist. Paulus hingegen bevorzugt eine freiwillige Gabe. Er meint: »Einen fröhlichen Geber hat Gott lieb« (2 Kor 9,7). Wichtiger als der Zehnt ist jedoch die grundsätzliche Reichtumskritik Jesu. Er wusste schon, was wir heute erleben, nämlich dass Besitz oft an erster Stelle steht und dass uns das nicht guttut, weil es uns vom Wesentlichen ablenkt. Er definiert die Grenze von »Reichtum« und die Verantwortung von Besitz auf einem Level, das nur die Allerwenigsten erfüllen können und wollen: »Wer zwei Hemden hat, der gebe dem, der keines hat; und wer Speise hat, tue ebenso« (Lk 3,11; LUT). Wir müssen also selbst entscheiden und vielleicht auch manchmal mutig geben. Aber jede und jeder nach den eigenen Möglichkeiten.

Wie macht man das in einer Beziehung? Wenn genügend Geld da ist, kann jeder Partner Ausgaben in bestimmter Höhe selbst entscheiden oder mit dem anderen so besprechen, wie man das bei allen Ausgaben tut. Wenn die Wünsche aber größer sind als das Portemonnaie, kann das zu erheblichen Spannungen führen. Für eine Spende an ein Kinderheim ist kein Geld da, aber für die Kirchengemeinde schon?

Man kann jede Anfrage des nichtgläubigen Partners damit abbügeln, es handle sich schließlich um eine Glaubensangelegenheit und sei daher nicht verhandelbar. Ich glaube nicht, dass das sinnvoll ist. Aber dennoch kann eine solche Diskussion schnell in Schieflage geraten, insbesondere wenn nur einer das Einkommen bringt und den anderen regelmäßig daran erinnert. Sollte das als Argument gegen die Mitgliedschaft in der Kirche angeführt werden, ist das Problem in der Beziehung nicht der Glaube des einen, sondern die Einkommensverteilung und die Einstellung zum Eigentum.

Wenn es vordergründig um Geld oder Zeit geht, lautet die Frage dahinter oft: Was ist wichtiger? Wenn es beides ohne Grenzen geben würde – man könnte sich die eine oder andere Diskussion sparen. Das ist aber meist nicht der Fall. Wie findet man da einen Kompromiss?

Mit Blick auf Spenden für andere kann das noch leicht gehen: Der Partner mag vielleicht nicht den Glauben teilen, wohl aber die Werte und die Haltung, dass Geld auch sehr glücklich machen kann, wenn man es gibt, ohne eine Gegenleistung zu erwarten.

Im Falle der Kirchenmitgliedschaft oder von Projekten der eigenen Gemeinde ist das schwieriger. Zum einen kann man nur auf Verständnis hoffen, wenn die Angebote der Gemeinde auch tatsächlich genutzt werden. »Wir spenden 500 Euro, aber Du gehst da nie hin?« – dem Argument kann man sich nicht wirklich verschließen. Zum anderen muss man sich als Christin oder Christ darüber im Klaren sein, dass man mit dieser Spende evtl. das eigene Hobby-Budget vielleicht schon ausgereizt hat. Die Frage nach den Prioritäten steht ja nicht nur für die Familie als ganze im Raum, sie stellt sich zuerst dem christlichen Partner. Das bedeutet: Vielleicht geht die Spende nicht zusätzlich zu allen anderen Wünschen, die man selbst hat.

Eine weitere Möglichkeit ist immer, Ausgaben langfristig zu planen, zu verschieben oder zu reduzieren. Es kann sein, dass eine bestimmte Ausgabe gerade nicht dran ist, weil das Einkommen für eine gewisse Zeit geringer ist. Oder man kann sich auf eine Höhe einigen, die für beide vertretbar ist. Solche Kompromisse zu suchen, kann mühsam sein. Es ist aber keineswegs so, dass sie nicht auch in rein christlichen Beziehungen gefunden werden müssten. Denn auch dort müssen die familiären und finanziellen Ziele nicht unbedingt identisch sein.

# 11. Die Bestattung und für wen wir sie feiern

Kurz vor einer Trauerfeier: Die Bestatterin tritt aufgeregt von einem Bein aufs andere; die Angehörigen schauen irritiert und beginnen zu tuscheln. Die ganze Atmosphäre der Besinnlichkeit, die Dekoration – alles wirkt etwas grotesk. Denn auf dem Schulhof nebenan tritt ein Kinderzirkus auf. Hunderte Schüler feiern die Jungartisten in der Manege, die noch zwei Stunden lang zu wummernden Bässen auftreten werden. Keine 100 Meter von der Trauerhalle entfernt. Das Bild vor den Augen der Trauernden und der Soundtrack wollen gar nicht zueinander passen. Dazu der Pfarrer zur Begrüßung: »Das hätte der Verstorbenen gefallen – sie war voller Lebenslust und mit Leib und Seele Grundschullehrerin.« Alle nicken. Die Situation ist gerettet. Es wird eine Trauerfeier, die vielen Menschen das Abschiednehmen leichter macht.

Nicht wenige suchen auf einer Trauerfeier Anknüpfungspunkte zu der verstorbenen Person. Mir geht es auch so. Man hört Lieder, die an sie oder ihn erinnern. Man zitiert einen Autor, der ihr wichtig war. Schließlich will man sich erinnern. Manche legen zu Lebzeiten fest, was auf der Trauerfeier geschehen soll. Der »letzte Wille« beseitigt die Unsicherheiten der Angehörigen und kaum jemand wird es wagen, daran zu rütteln und etwas zu verändern. Denn wir erleben die Feier als stimmig, wenn sie der verstorbenen Person entspricht. Deswegen löste sich die Anspannung auf der Trauerfeier für die verstorbene Lehrerin, als an ihren Beruf erinnert wurde. Trotzdem begeht man die Beerdigung nicht für die oder den Verstorbenen. Die Feier spricht die Trauernden im Raum an. Und die kommen mit sehr unterschiedlichen Erwartungen und Erfahrungen. Sie haben die Person unterschiedlich erlebt, und sie haben nicht die gleichen Bedürfnisse – außer, dass sie sich erinnern wollen und Abschied nehmen müssen. Und sie teilen in den seltensten Fällen den Glauben oder ihre Hoffnung für das Jenseits.

Da man sich an der verstorbenen Person orientiert, richtet man sich bei der Gestaltung der Trauerfeier nach ihrem Glauben. War sie Mitglied einer Kirche oder einer freien Gemeinde, wird das Bestattungsinstitut danach fragen, ob eine Pfarrerin oder ein Pfarrer benachrichtigt werden soll. Das wird oft nur dann getan, wenn eine Beziehung zur Kirche oder zum Glauben bekannt ist. Manchmal wissen die Angehörigen nicht, ob jemand gläubig war, weil niemals darüber gesprochen wurde. Und dann haben manche Bestattungsunternehmen auch freie Rednerinnen oder Redner beschäftigt, die sich über einen Auftrag freuen. Egal, wie es ausgeht: Solange es der Person entspricht, wird man wohl Frieden damit finden. Oder vielleicht auch nicht.

Nehmen wir den Fall an, dass eine Angehörige bestattet wird, die nicht gläubig ist. Es würde kein Pfarrer eingeladen werden, und es würde wohl auch ihrem Willen oder ihrem Leben entsprechen. Niemand wird von Gott reden und von einem Leben nach dem Tod. Aber wie geht es Dir als Christin oder Christ damit? Ich fühle mich bei solchen Feiern ohne christliche Elemente verloren. Sehr verloren. Die Rednerin kann natürlich Symbole finden. Die Sonne geht für uns alle wieder auf. Aber der Gedanke, dass die Verstorbene in unserer Erinnerung weiterlebt – und der kommt immer – trägt für mich einfach nicht. Zum einen stimmt es nicht; die Erinnerungen verblassen im Laufe der Jahre. Der Geruch, die Marotten, die Lieblingssprüche – sie leben nicht, sondern sie werden zu Anekdoten und kurzen Flashbacks. Mich persönlich tröstet das jedenfalls nicht. Ich brauche die Zukunft der Ewigkeit und nicht die Vergangenheit. Wir hatten nicht nur gute gemeinsame Jahre, für die wir dankbar sein können. Für mich kommt das Beste erst noch.

Also muss ich die Ewigkeit selbst in die Trauerfeier mitbringen. Ich mache es so, dass ich während der Trauerfeier still bete und meine Trauer mit Gott teile. Ich bete auch für die Verstorbene und die Angehörigen. Oder ich nehme die Trauerfeier einfach als Möglichkeit, mich zu verabschieden. Dann bete ich schon vorher, vielleicht an einem besonderen Ort, den ich mit dieser Person verbinde. Ich wende mich aber nicht an die Familie oder die Redner und versuche, zusätzlich zur Trauerfeier noch ein christliches Element zu platzieren. Es geht in diesem Fall nur um mich und um meine Bedürfnisse, das muss nicht öffentlich werden.

Eine Bekannte erzählte mir, dass sie selbst auch die einzige Christin in ihrer Familie war. Der Glaube war einer der dauernden Konfliktpunkte mit ihrer Mutter. Als diese starb, gab es natürlich eine Trauerfeier ohne Gott. Sie konnte es sich jedoch nicht vorstellen, als Christin allein mit ihrem Glauben zwischen den anderen Trauernden zu sitzen. Daher bat sie einen befreundeten Pfarrer, sie zu begleiten. Nicht, um etwas zu sagen oder zu tun. Einfach, um da zu sein. Ich finde, das ist eine wunderbare Möglichkeit: stille Anteilnahme in tiefer Verbundenheit durch den Glauben an die Auferstehung und das ewige Leben. Vielleicht kann man auch als letzte am Grab noch gemeinsam beten. Damit versteckt man seinen Glauben nicht. Man respektiert die Haltung der Verstorbenen und findet doch selbst Trost im Glauben. Und die Meinungsverschiedenheit um Glauben und Nichtglauben wird nicht Teil der öffentlichen Trauerfeier. Im Fall meiner Bekannten ist darüber auch nicht gesprochen worden. Das war auch nicht nötig. Als der Sarg aus der Trauerhalle zum Grab gefahren wurde, fiel ein einzelner Lichtstrahl aus der Wolkendecke direkt auf das steinerne Kruzifix, auf das der Weg zulief. Das war aussagekräftiger als jede Predigt.

Es kann aber auch andersherum der Fall sein, dass die Feier christlich ist, aber anders als die verstorbene Person einige Anwesende nichts damit anfangen können. Das trifft vielleicht sogar auf die Mehrheit der Bestattungen zu. Respektvoller Umgang mit dieser Unterschiedlichkeit liegt für mich nicht darin, selbst Distanz zum Glauben zu schaffen. Was ich meine: In meiner Rolle als Geistlicher sage ich nie »Ich lade ein zum Gebet«, sondern immer »Lasst uns beten«. Die Feier wird nicht dadurch angenehmer für Nichtgläubige, dass man umständlicher wird. Denn in sich muss sie schon stimmig sein. Und das Ziel ist nun einmal, dass man gemeinsam feiert und nicht mit der Hälfte der Anwesenden eine Feier veranstaltet, die für die andere Hälfte wie eine Aufführung wirkt.

In Wahrheit liegen die Hürden woanders und sind in dieser Situation von Trauer und Abschied kaum zu überbrücken. Wer nicht gläubig ist, der wird zu kaum einem Element einen positiven innerlichen Zugang finden. Nicht zum Gebet, nicht zum Bibeltext. Das kann man auch nicht überbrücken. Schließlich soll die Feier kein theologisches Seminar werden, die immerzu erklärt, was gerade passiert. Man redet bei der Feier nicht über Gott, sondern man redet mit ihm. Wenn ich am Grab sage »Von Erde bist du genommen, zu Erde sollst du werden« – dann spannt das für Dich und mich den Bogen von der Schöpfung bis in unser Leben und in die Ewigkeit. Wenn man nicht gläubig ist und auch wenig über den Glauben weiß, entschlüsselt sich das auch nicht, wenn man dazu »einlädt«. Deswegen sollte es die Gläubigen Angehörigen auch nicht stressen, wenn die Mehrzahl der Anwesenden nichts damit anfangen kann. Was man aber gut machen kann, ist, die Situation anzusprechen: »Wir haben mit N.N. zusammengelebt und gelacht, wir trauern gemeinsam um sie. Manche mit Gott, manche ohne.« Das gibt allen zumindest etwas die Sicherheit, hier richtig zu sein, auch wenn man mit dem Glauben nichts anfangen kann.

Die Erinnerung an die Verstorbene und das Abschiednehmen teilen alle bei dieser Feier, den Glauben und die Hoffnung nicht. Das kann man nicht auflösen, das kann sich aber gegenseitig aushalten. Das gilt für Christen und Nichtchristen gleichermaßen. Eine Bestattung eignet sich nicht als Schauplatz familiärer Auseinandersetzungen. Auch nicht im Vorfeld. Im besten Fall besteht die Möglichkeit, dass die Pfarrerin oder der Redner ein Gespräch mit mehreren Angehörigen führt. Ich hatte schon bis zu acht Personen dabei, und es war richtig schön. Man kann dann unterschiedliche Sichtweisen und Erinnerungen angemessen aufnehmen. Vielleicht werden wir in Zukunft auch Trauerfeiern mit mehreren Akteuren erleben, die unterschiedliche Perspektiven einbringen. Die christliche wäre dann eine von mehreren. Unsere Gesellschaft wird pluraler, da ist vieles denkbar. So richtig vorstellen kann ich mir derzeit allerdings noch nicht, wie das stimmig werden soll. Wir werden sehen.

Was tust Du also, wenn Deine Partnerin oder Dein Partner stirbt? Oder Deine Eltern, Kinder oder wer auch immer? Der eine Weg: Du kannst aus dem aktuellen Gefühl heraus entscheiden. »Tu, was Dir guttut« ist eine gute Devise für Trauernde. Viele, die zu der Trauerfeier kommen, haben Verständnis dafür. Auch dann, wenn sie selbst anders entschieden hätten. Sicherer ist man, wenn man ihre Meinung kennt. Machen sich Deine Lieben etwas aus der eigenen Trauerfeier? Oder finden sie, sie sollte Dich trösten. Und wenn es so ist, würdest Du eine christliche Trauerfeier haben wollen für einen Menschen, der ohne Gott nichts vermisst hat? In jedem Fall würde ich das Gespräch mit einer Pfarrerin oder einem Pfarrer suchen. In der evangelischen Kirche dürfen auch Nichtchristen kirchlich beerdigt werden, wenn es aus seelsorgerlichen Gründen für die Angehörigen nötig ist. In anderen Kirchen ist das zum Teil nicht ohne weiteres möglich. Aber vielleicht können sich die Pfarrerin oder der Pfarrer dazu bereit erklären, was ich selbst tun würde: Ich würde darum bitten, dass es keinen Talar und keine kirchliche Optik gibt. Dass wir uns erinnern und Lieder hören, die ihr wichtig waren. Und dass wir am Grab für ihr ewiges Leben beten und das Vaterunser. Das wäre mein Weg, ihr und mir zu entsprechen.

Und für meine eigene Beerdigung, was wäre da denkbar? Im Grunde mache ich mir nichts daraus, ich bin ja selbst nicht dabei. Aber wenn ich einen Wunsch frei hätte: Singt »In Christ alone« von Stuart Townend. Und Daniel soll über meinen Konfirmationsspruch predigen und die Anwesenden fragen, ob er sich in meinem Leben erfüllt hat. Ihr findet ihn vorne in der zerfledderten grünen Lutherbibel im Wohnzimmer. Mich gibt es eben nicht ohne Gott.

# III. DIE DISTANZ ÜBERWINDEN

# 12.
# Es geht um Dein »Warum?«

Nichtgläubige und Gläubige in einer Beziehung oder in einer Familie können viel Zeit und Energie auf die praktischen Fragen des Zusammenlebens verwenden. Es kann um Hochzeiten und Taufen gehen, um Freizeitgestaltung, Geld und all die vielen Dinge, die man mit oder ohne Gott tun will. Im Grunde geht es aber immer nur um diese eine Frage: »Warum ist dir das so wichtig?«

Wir stellen den Partner oder Familienmitglieder nicht gerne grundsätzlich in Frage. Deswegen vermeiden wir es auch, mit anderen über den Glauben zu diskutieren. Da gelten ähnliche Regeln wie bei Politik, Geld oder Sexualität. Das alles gehört in den Bereich des Privaten, und nicht immer und überall ist es passend, darüber zu sprechen. Zu leicht können wir jemanden beleidigen oder verletzen und am Ende sogar verlieren. Auch Paare sparen diese Themen manchmal ganz oder teilweise aus, und manche leben ganz gut damit. Offenbar ist es uns wichtig, in persönlichen Fragen nicht im Widerspruch zu Menschen zu stehen, die uns wichtig sind. Es käme sonst zu einem inneren Konflikt zwischen grundlegenden Einstellungen und sozialer Bindung. Deswegen ist es attraktiver, ein Thema auf Dauer zu umgehen (was ja auch mühsam sein kann), als das Risiko einer Meinungsverschiedenheit einzugehen.

Es geht dabei aber nicht nur darum, den sorgsam austarierten Familienfrieden nicht zu erschüttern. Auch die widersprüchlichen Gefühle in uns selbst müssen wir aushalten, was nicht ganz leicht ist. Schließlich können wir entdecken, dass unser Partner in Fragen, die unser Selbstbild entscheidend prägen, ganz anderer Meinung ist. Es kann zutage treten, dass der Glaube als Teil unserer Identität für unseren Partner das überflüssige Relikt eines altmodischen Weltbildes ist. Gleichzeitig lieben wir ihn und teilen das ganze Leben miteinander. Das geht nicht zusammen. Passen wir also noch zusammen? Diese Frage will man sich selbst und dem Partner lieber nicht stellen, nach dem alten Motto »Reden ist Silber, Schweigen ist Gold«. Aber es geht nicht anders. Irgendwann muss man darüber sprechen. Das gegenseitige Unverständnis wird sonst zu einer Belastung für die Beziehung. Akzeptanz für den Glauben des Partners oder der Partnerin entsteht nur, wenn man verstanden hat, was Gott für jemanden, der glaubt, wirklich bedeutet.

## Wieso suchen wir nicht mehr nach Gott?

Früher war nicht alles besser, aber manches einfacher. Denken wir uns eine Gesellschaft, in der die allermeisten Menschen annehmen, dass eine höhere Macht auf ihr Leben einwirkt. Eine Gesellschaft wie zur Zeit Jesu also. Die Menschen sind daran gewohnt, permanent an Grenzen zu stoßen. Die Wenigsten sind mobil. Ihr Wohnort bietet den Raum, in dem sie sich bis auf wenige Ausnahmen all ihre Informationen beschaffen und in dem sie ihre Fähigkeiten weiterentwickeln können. Man lernt deswegen meist einfach den Beruf des Vaters, man geht den Lebensweg der Mutter. Arbeit bedeutet fast immer, dass Energie aus Muskelkraft von Menschen oder Tieren eingesetzt werden muss. Das Wissen über den Körper und die Medizin sind begrenzt. Das gilt auch für die Lebenszeit: Die meisten Kinder sterben im Alter unter fünf Jahren, kaum jemand wird älter als 40. Permanent ist man der Unregelmäßigkeit der Natur ausgeliefert. Die Ernten schwanken, es kommt regelmäßig zu Hungersnöten. Und das selbst im römischen Reich, dem stärksten Gemeinwesen der Antike mit komplexen Lieferketten durch Europa.

Auch politische Stabilität ist von begrenzter Dauer. Der Frieden ist zerbrechlich. Das eigene Leben ist oft von Ereignissen bedroht, die man entweder nicht kontrollieren oder nicht verstehen kann. Kurz: Man lebt in Unsicherheit. Das gilt auch für die Bewohnerinnen und Bewohner des ohne Zweifel weit entwickelten römischen Reiches.

Wenn Menschen in dieser Gesellschaft an Grenzen ihrer Möglichkeiten und Fähigkeiten stoßen, wenn sie Angst haben und Sorgen, dann wenden sie sich an ihren Gott. In der römischen Kultur ist man daran gewöhnt, Götter und Dämonen mit kleinen Geschäften auf Gegenseitigkeit – Opfer gegen Gnade – zu beeinflussen. Der Gott Israels dagegen fordert keine Opfer, sondern Gehorsam für hohe moralische Standards und religiöse Sitten. Aber er verspricht Hilfe im Alltag und Hoffnung für das ganze Leben. Natürlich wird dieser Gott dann auch oft als Lückenbüßer für das fehlende Wissen eingesetzt. Viele Naturgesetze sind noch unentdeckt, da ist eine Menge Platz für Spekulationen. Aber die zentrale Frage ist: Woher kommt Hilfe für mein Leben? Die Antwort lautet: Sie kommt von Gott. Es versteht sich von selbst, dass man jemandem, der das eigene Leben so stark beeinflussen kann, Respekt und Gehorsam schuldig ist. Und natürlich kann dieser Gott aus allen Situationen und in allen Lebensbereichen zu mir sprechen.

Wenn man nach den Zeichen dafür sucht, entdeckt man sie auch. In meinem Leben passiert viel Gutes – Gott sei Dank.

Das ist Konsens in den antiken Gesellschaften. Natürlich gibt es auch Andersgläubige, es gibt Zweifler und es gibt auch nichtgläubige Menschen, was zu manchen Zeiten und in manchen Orten lebensgefährlich sein kann. Die überwiegende Mehrheit der Menschen erlebt jedoch jeden Tag, dass eine übernatürliche Dimension das Schicksal beeinflusst. Es geht ihnen nur in Ausnahmefällen darum, ob Gott wirklich existiert. Meist interessiert sie, wie er ist. Jesus wird auch deshalb von vielen Juden abgelehnt, weil der nicht der Mainstream-Erwartung entspricht, wie der kommende Messias sein soll. Sie warten auf einen, der die Römer vertreibt und das Gesetz Gottes in der Gesellschaft durchsetzt. Die Mehrheit der philosophisch geschulten Athener kann Paulus nicht zustimmen, weil die Auferstehung Jesu von den Toten für sie völlig undenkbar ist.

Trotzdem muss man sagen: Auch in der Antike gibt es Menschen, die Gott noch nicht gefunden haben, die ihn noch suchen. Bei einer Predigt auf dem Areopag, einem Felsen unweit der Akropolis[30], spricht Paulus sie darauf an, er habe in ihrer Stadt einen Altar gesehen, der dem »unbekannten Gott« geweiht ist. Paulus kann sinngemäß sagen: »Dieser Gott ist mein Gott. Er ist ganz anders, als ihr denkt. Er lebt nicht in einem Tempel. Er möchte, dass alle Menschen nach ihm suchen. Und dass es ihn gibt, sehen wir daran, dass Jesus von den Toten auferstanden ist.« Das alles finden einige ungeheuerlich, weil es ihren Erwartungen widerspricht. Aber dennoch entsteht eine kleine Gemeinde in Athen. Schließlich hat man auf den unbekannten Gott gewartet und ihm zur Sicherheit schon einmal einen Altar gebaut. Nun ist er endlich da. Er war nur unsichtbar, weil man sich kein Bild von ihm macht und er keinen Tempel braucht.

In einer solchen Gesellschaft konnte man Gott mit einer gewissen Selbstverständlichkeit einsetzen, ohne dass es einen wirklichen Beweis brauchte. Selbst C.S. Lewis z.B. kann in »Pardon, ich bin Christ«[31] noch immer daran anknüpfen. Dieser Klassiker aus dem Jahr 1942 ist laut US-Zeitschrift Christianity Today das einflussreichste Buch des 20. Jahrhunderts. Fast 2000 Jahre nach Paulus leitet Lewis inspiriert von Immanuel Kant die Existenz Gottes u.a. daraus ab, dass es eine Moral gibt, also ein allgemein gültiges Sittengesetz. Unsere hohen moralische Werte sind Ausdruck des Willens dessen, der sie uns gegeben hat. Wir Menschen können nicht von allein darauf gekommen sein, also muss Gott existieren. Millionen Leser fanden das schlüssig – weil sie nach einem logischen Beweis dafür gesucht haben, dass es Gott gibt. Könnten diese Werte nicht auch anders entstanden sein? Die Frage muss Lewis nicht abschließend erörtern. Er kann einfach Gott einsetzen, weil viele auf ihn warten. Gott kann sich noch selbst beweisen, weil er als selbstverständlich vorausgesetzt und gesucht wird.

## Und heute?

Wir leben nicht mehr in der Antike, sondern in der Postmoderne. Wir stoßen immer noch an Grenzen, aber diese haben völlig andere Dimensionen. Wir sind mobiler, können Informationen und Wissen über gewaltige Entfernungen abrufen. Wir arbeiten weniger hart und leben viel länger. Mein Großvater war mit 63 Jahren körperlich am Ende; mein Vater kommt mit 80 Jahren noch gut zurecht. Auch, weil er technische Hilfsmittel hat. Meine Tochter kann statistisch gesehen vielleicht 100 Jahre alt werden. Wissen und Technik haben unsere Grenzen weit verschoben, und ein

Ende ist nicht abzusehen. Unser Alltag und unser Leben spielen sich in relativer Sicherheit ab, auch wenn unsere politischen und sozialen Verhältnisse instabiler sind als noch vor 30 oder 40 Jahren Wir brauchen Gott viel seltener, weil wir viel seltener an Grenzen stoßen. Und stoßen wir doch einmal an eine Grenze, kommen wir nicht auf die Idee, unsere Hilfe bei Gott zu suchen, weil wir daran gewöhnt sind, uns selbst zu helfen.

Er wird nicht mehr als selbstverständlich vorausgesetzt, er ist zur Ausnahme geworden. Und wenn Gott sich zeigt, wird er kaum noch erkannt, weil wir nicht mehr mir ihm rechnen. Wir trauen ihm nicht mehr zu, dass er unser Leben verändert.

Wir erkennen immer mehr, wie Gottes Schöpfung funktioniert. Aber wir entdecken in den Gesetzen der Natur, den technischen Möglichkeiten oder der Weite des Weltalls nicht mehr den Schöpfer. All das führt nicht zu mehr Demut vor dem, der das alles geschaffen haben muss, obwohl selbst namhafte Wissenschaftler der Meinung sind, dass jede gelöste Frage nur noch mehr Fragen aufwirft[32] und uns nur noch klarer wird, was wir alles nicht wissen oder erreichen werden. Wir haben begriffen, dass die Erde nicht der Mittelpunkt von allem ist, sondern nur einer von vielleicht 50 Milliarden Planeten allein in unserer Galaxie. Selbst wenn wir mit Lichtgeschwindigkeit reisen könnten, würden wir nur einen Bruchteil davon erreichen. Wir müssten uns unbedeutend fühlen! Doch im Gegenteil: Wir sind berauscht von unseren Möglichkeiten.

Wenn wir Tiefe im Leben suchen, suchen wir in der Tiefe uns selbst. Wenn wir Ekstase suchen, gehen wir ins Stadion. Wir suchen sie nicht mehr bei Gott. Er wird nicht mehr grundsätzlich vermutet und muss sich dann nur zeigen. Er wird zuerst nicht vermutet und muss sich dann beweisen. Er wird nicht als ein noch Unbekannter gedacht, dem man zur Sicherheit schon einmal einen Altar baut. Und er ist auch nicht mehr notwendiger Architekt der menschlichen Moral, weil wir wie selbstverständlich davon ausgehen, dass der Mensch Schöpfer der Moral ist. In der Antike sucht man danach, »wie« Gott ist. Im Zeitalter der Aufklärung wird gestritten, »ob« Gott ist. In der Postmoderne fragen wir nicht mehr nach Gott. Er wird nicht mehr in Frage gestellt, weil wir die Suche nach ihm verlernt haben. Insofern stimmt die Beobachtung des ehemaligen Bischofs der Kirchenprovinz Sachsen, Axel Noack: Die Menschen haben vergessen, dass sie Gott vergessen haben. Wir sind »religiös unmusikalisch«[33] geworden. Ohne musikalisches Talent hören wir keine schiefen Töne, ohne Suche nach Gott finden wir nur uns selbst. Und so nehmen wir sein Hilfsangebot nicht an, wenn wir an Grenzen stoßen. Es ist Pandemie, es ist Krieg und wir bleiben damit allein in den Grenzen, die Menschen eben haben. Wir müssen alles mit uns selbst ausmachen.

Ein Beispiel: Über viele Jahre war es undenkbar, dass Deutschland eine Naturkatastrophe größeren Ausmaßes erlebt. Sachschäden gab es immer mal wieder, menschliche Opfer waren eine tragische Ausnahme. 2021 verwandelt sich das kleine Flüsschen Aar in einen reißenden Strom. Die Gesellschaft ist schockiert, dass so etwas vor der eigenen Haustür passieren kann. 180 Menschen sterben, berufliche und private Existenzen gehen in den Fluten unter. Häuser, Brücken, Autobahnen sind zerstört. Wie die Menschen in der Antike sind wir dem Wetter wieder ausgeliefert. Anders als frühere Generationen hätten wir die technischen Möglichkeiten und das Wissen gehabt, viele Menschenleben zu retten. Aber offensichtlich wurde nicht rechtzeitig und ausreichend gewarnt. Menschen haben Entscheidungen getroffen, haben Fehler gemacht. Tödliche Fehler. Es wird nach Schuldigen gesucht.

Zu Schuld und dem heilsamen Weg der Vergebung hätte unser Glaube eine Menge zu sagen. Aus eigener Erfahrung weiß ich, dass er gerade dann einen Weg aufzeigt, wenn man mit Opfern und Schuldigen nicht direkt sprechen kann. Wenn sie etwa schon verstorben sind, oder einfach nicht erreichbar. Dieser Weg steht aber nicht mehr zur Verfügung. Wenn Gott noch vorkommt, dann nur so, dass die Flut als Beweis dafür angesehen werden kann, dass es ihn nicht gibt. Denn sonst hätte er das nicht zugelassen. Aber auch diese Frage hört man selten. Gott ist weg. Den Opfern ist der Glaube keine Hilfe, den Schuldigen auch nicht. Und wir sind mit unseren Fragen allein. Denn sie sind noch da.

Auch wenn sich unsere Grenzen verschoben haben. Wir selbst sind aber durch all die Jahrhunderte dieselben geblieben. Wir brauchen Vergebung und Hilfe in der Not. Wir suchen immer noch nach Liebe und gelingenden Beziehungen. Wir stehen immer noch machtlos an den Grenzen des Lebens und merken jeden Tag, dass es weder uns selbst noch dem Planeten guttut, wenn wir uns selbst in den Mittelpunkt stellen. Mehr als alle Generationen vor uns merken wir, dass wir uns zu wichtig nehmen. Wir sind immer noch auf der Suche nach dem Sinn; wir wollen gebraucht werden. Wir wollen nicht vergessen werden, wenn wir sterben. Wir fragen uns immer noch: Woher kommt Hilfe für mein Leben? Und wir finden viele mögliche Antworten. Es gibt Coaches, Therapien, technische Hilfsmittel und vieles mehr. Das ist auch gut so. Aber das naheliegendste übersehen wir einfach. Denn ich bin überzeugt: Wir brauchen nicht mehr von uns, sondern weniger.

Unser Problem ist nicht, dass wir keine technischen Lösungen haben. Die Herausforderung ist nicht zu wenig Zeit oder zu wenig Wissen. Unser Problem ist, dass wir immerzu auf uns selbst schauen. Vor allem dann, wenn wir in Krisen stecken. Es würde eine enorme innere Freiheit schaffen, wenn man in der Gewissheit leben könnte, dass die ultimative Grenze – der Tod – überwunden ist und dass Gott uns selbst den Weg in diese Freiheit zeigt. Aber wir erwarten die Hilfe nicht von dem, der größer ist als wir selbst. Wir haben uns so daran gewöhnt, alle Probleme selbst zu lösen, dass wir nicht mehr darauf vertrauen können, dass Hilfe von außen kommt. Seit Mitte des 20. Jahrhunderts leben wir im »Anthropozän«, im Zeitalter des Menschen. Das ist die Epoche, in der der Mensch irreparable Spuren auf dem Planeten hinterlässt und die Natur stärker beeinflusst, als dass sie Einfluss auf ihn hat. Wir sind uns selbst zu Kopf gestiegen. Und das gilt nicht nur für die Ökologie. Die Postmoderne ist eine Epoche der Unsicherheit, die Welt ist im Übergang und keiner weiß, wohin. Gott könnte vielen Menschen Sicherheit geben und den Mut zu den richtigen Entscheidungen. Aber er steht vielen nicht als Hilfe zur Verfügung.

Das ist der große Unterschied zwischen uns Christinnen und Christen und denen, die nicht an Gott glauben. Wir erwarten die Hilfe von Gott. Natürlich nutzen wir Ärzte und Therapien und die Erkenntnisse der modernen Wissenschaft; das ist kein Gegensatz. Aber wir können darin Gott erkennen. Wir erleben Trost und Vergebung. Wir finden im Glauben das Urvertrauen in die Zukunft. Wer nicht an Gott glaubt, erwartet alle Hilfe aus sich selbst oder aus den Fähigkeiten anderer Menschen. Es versteht sich von selbst, dass man einem Gott, den man nicht erlebt und der das eigene Leben offenbar nicht beeinflusst, weder Respekt noch Gehorsam schuldig sein kann.

Wenn man so denkt, wenn man gar nicht auf der Suche nach Gott ist und mit dem Glauben kaum einen Berührungspunkt hat: Wer kann dann noch garantieren, dass es ihn gibt? Da habe ich leider eine schlechte Nachricht für Dich: Du allein kannst noch dafür garantieren, dass es ihn gibt! Was immer wir von Gott erzählen – der Zuhörer wird sich fragen: Kann ich *Dir* das glauben? Und wir kleinen Menschen mit unseren Fehlern und Widersprüchen müssen jetzt als Beweis für die Existenz eines immer gütigen und allwissenden Gottes herhalten. Der größte Unterschied zur Antike ist, dass sich aus der Sicht der Nichtgläubigen die Beweislast umgekehrt hat: Nicht der Schöpfer beweist sich, sondern das Geschöpf beweist ihn.

Das alles ist stark vereinfacht. Die Krise des Glaubens in der Postmoderne hat sicher viele Ursachen. Und natürlich kann Gott Wege zu Menschen finden, wie, wann und wo er es will. Er braucht uns nicht dazu. Mir geht es um die Erwartungshaltung von Nichtgläubigen: Wenn Dir Glaube nur in der Person der Partnerin oder des Partners begegnet, dann muss er für alles geradestehen, was mit diesem Glauben zu tun hat. Eine andere Quelle gibt es nicht. Keine Bibel, kein Gebet, keine Kirche. Nur Dich.

## Du kannst Dich nicht vertreten lassen

Ich war sehr stolz auf diese Predigt, und das lag an dem Zitat von Dietrich Bonhoeffer. Er ist in meiner evangelischen Kirche die unumstrittene Autorität, wenn es darum geht, den Glauben konsequent zu leben. Bonhoeffer stammte aus einem nichtreligiösen Elternhaus, war hochbegabt und mit 24 Jahren schon habilitiert, konnte also Professor werden. Unter dem Eindruck der Machtergreifung durch die Nazis hat er in den 1930er-Jahren maßgebliche Schriften zur Nachfolge Jesu verfasst. Es ging ihm darum, wie man zu einer Lebensweise finden kann, die Jesus und seiner Lehre entspricht. Es dauerte nicht lange, bis er mit dem Regime in Konflikt geriet. Kurz vor dem Ausbruch des zweiten Weltkriegs schlug er die Möglichkeit aus, in den USA im Exil zu bleiben. Stattdessen bildete er illegal den Pfarrernachwuchs der

Bekennenden Kirche, der Oppositionsbewegung evangelischer Christen, aus. Er war Mitwisser mehrerer Anschläge gegen Hitler. In der Haft schrieb er in der Gewissheit des nahen Endes das Gedicht »Von guten Mächten wunderbar geborgen«, einen der wichtigsten christlichen Texte des 20. Jahrhunderts. Vier Wochen vor Ende des Zweiten Weltkriegs wurde er hingerichtet. Noch am Tag davor predigte er den Mitgefangenen. Zum Abschied sagte er zu ihnen: »Das ist das Ende. Für mich der Anfang eines Lebens!« Konsequenter kann man nicht glauben.

Dieses Zitat sollte der Höhepunkt meiner Predigt werden. Zur Sicherheit wollte ich die Wirkung an der Reaktion meiner Frau ausprobieren. Die allerdings war keineswegs gerührt. Sie war nicht einmal nachdenklich. Sicher sei Bonhoeffer bekannt und eindrucksvoll. Aber: »Ich will nicht wissen, was Bonhoeffer glaubt oder Paulus oder wer auch immer. Ich will wissen, was Du glaubst!« Kunstpause. »Und? Was glaubst Du?« Ich wäre nie von allein auf die Idee gekommen, dass der Glaubensriese Bonhoeffer weniger Eindruck macht als ich.

Wenn Nichtchristen ihre gläubigen Partner danach fragen, *warum* ein Kind getauft werden oder ein Gebet gesprochen werden soll, dann lautet die Antwort häufig: »Weil es mir wichtig ist.« Man sollte meinen, dass diese Begründung ausreicht, wo man sich doch lebenslange Liebe versprochen hat. Und vielleicht hat sich das Thema dann für den Moment erledigt. Eine echte Antwort ist es natürlich nicht. Etwas »irgendwie wichtig« zu finden taugt als Begründung gegenüber Menschen, die ähnliche Ansichten haben. Und natürlich kann ein Satz Bonhoeffers eine Kirche voller Christen überzeugen, bewegen oder zumindest zum Nachdenken bringen. In unserer Beziehung zu unseren nichtgläubigen Familienmitgliedern reicht das nicht. Historische Persönlichkeiten, Traditionen oder die Bibel sind für sie Autoritäten, die verblassen.

Wenn man als Außenstehender mit dem Glauben nichts anfangen kann, lautet die Frage nämlich eigentlich: »Wie kann es sein, dass *Dich* das bewegt?«

Es ist immer gut, wenn sich Partner füreinander wirklich interessieren. Das ist eine echte Chance, die Beziehung zu pflegen und zu vertiefen. Und es ist eine Herausforderung. Denn eine persönliche Frage braucht auch eine persönliche Antwort.

## Das Problem haben andere auch

Dieses Phänomen ist nicht nur im Zusammenhang mit der Religion zu beobachten. Auch PolitikerInnen und Aktivsten aller Art trifft der kritische Blick – und das selbst bei wissenschaftlich erwiesenen Phänomenen wie dem Klimawandel. Wenn sich die Fridays-for-future-Demo aufgelöst hat, ist einer der Standardsätze der Umstehenden: »Nun schau Dir das an: Demonstrieren fürs Klima, aber lassen einen Haufen Müll da. Kein Wort glaub ich denen.« Wenn es immer weniger gegebene Autoritäten gibt, wenn ein Amt oder Kompetenz in Sachfragen immer weniger Respekt einbringt, dann kann Autorität nur durch Integrität entstehen. Was man sagt und was man tut, muss zueinander passen, sonst wird man sofort unglaubwürdig.

Vor einigen Jahren konnte ich mich auf einer Tagung mit einer Christin austauschen, die bei der GfK arbeitet, der »Gesellschaft für Konsumforschung«. Als eines der größten Meinungsforschungsinstitute Deutschlands untersuchen sie unter anderem auch Einstellungen zu allen möglichen Themen. Für die Ergebnisse zahlt man teilweise enorme Summen, deswegen wollte sie mir meine Frage nach der Zukunft der Kirche nicht direkt beantworten. Einen Hinweis gab sie mir aber doch: Es würde doch auf der Hand liegen, dass letztlich alles eine Frage der Glaubwürdigkeit sei. Die Kirche müsste endlich und in allen Bereichen einfach nur tun, was sie predigt.

Das ist die Herausforderung. Im Glauben geht es nicht nur darum, den Müll nach der Demo aufzuräumen und Fairtrade zu kaufen. Es geht um unsere grundlegenden Einstellungen und Handlungsweisen, die Jesus verändern will. An dem Satz »Was ihr für einen meiner Brüder oder eine meiner Schwestern getan habt – und wenn sie noch so unbedeutend sind –, das habt ihr für mich getan« (Mt 25,40) ist nicht viel zu interpretieren. Und wenn Jesus die Frage nach dem »Höchsten Gebot«, also dem allerwichtigsten im Leben, mit »Gott lieben und den Nächsten wie dich selbst« beantwortet – da braucht es wenig Worte der Erklärung – aber umso mehr Taten. Diese Sätze meinen uns. Nicht irgendjemand anderen, nicht »die Kirche«.

Wir können uns auch nicht hinter dem Gejammer verstecken, die Kirche würde es einem auch nicht leicht machen. Natürlich ist es eine Schande, dass im Raum der Kirchen Menschen sexualisierte Gewalt angetan und dann auch noch vertuscht wurde. Das macht einem das Christsein nicht leichter. Aber im Gespräch mit Nichtgläubigen geht es ja letztlich um *unser* »Warum«, nicht um die Kirche und ihre Fehler. Wir können uns nicht vertreten lassen! Als einziger Christ in der Familie sind wir oft in sehr konkreten Gesprächen und Situationen. Das heißt: Entweder *ich* bete mit den Kindern, oder es tut niemand. Entweder *ich* erkläre, warum ich trotz meiner Trauer Hoffnung habe, oder es geschieht eben nicht. Ich muss also Zeit und Mühe aufbringen, muss Gebete heraussuchen, mir eine Meinung bilden und dann auch schlicht zu Hause sein, um das zu tun. Wir können uns auf der Arbeit vertreten lassen; in der Familie geht es nicht. Auch nicht als Christin oder Christ.

Bei all dem sehen uns die Menschen, die wir lieben, jeden Tag in totaler Nahaufnahme. Das heißt auch: Sie erleben jeden Tag, wie wir an den Ansprüchen unseres Glaubens scheitern. Wenn ich abends an den Tag zurückdenke und mir vorstelle, was Jesus in den wichtigen Situationen getan hätte – er wäre aufmerksamer gewesen, liebevoller und großzügiger. Es mag sein, dass ich an einigen wenigen Tagen in die Nähe eines Jesus-Levels reiche, wenn ich ganz für meine Kinder da bin oder mit Freunden einen Ausflug mache. Aber in Bezug auf die Menschen, die ich nicht liebe, gilt das ganz sicher nicht. Ich glaube: Ich selbst tauge nicht gut als Botschafter des Glaubens, zumindest nicht in der Nahaufnahme. Man muss nicht gleich Ikonen wie Dietrich Bonhoeffer als Vergleich nehmen; es gibt Menschen in meinem Umfeld, die eine weniger außergewöhnliche Biografie haben als dieser Mann und dennoch viel glaubwürdigere Christinnen und Christen sind als ich. Es hilft aber nichts. Ich bin trotzdem ein Botschafter meines Glaubens, ob ich will oder nicht. Das liegt daran, dass es zum Glück Menschen gibt, die sich für mich und meinen Glauben interessieren. Und es liegt an einer Vorliebe Gottes: Er sucht Zeugen mit Schwächen.

## Schwächer geht es nicht

Das älteste der vier Evangelien, das Markusevangelium, hat eine Besonderheit. Nur hier findet sich das »Messiasgeheimnis«. Wenn Menschen Zeugen davon werden, dass Jesus der Sohn Gottes ist, fordert er sie auf, es keinem zu sagen. Das muss man sich vorstellen: Jesus macht das Unmögliche möglich, aber niemand soll es wissen! Er heilt die verkrüppelte Hand eines Mannes, er holt sogar ein Mädchen aus dem Tod zurück ins Leben.

In beiden Fällen und an fünf weiteren Stellen verbietet Jesus den Menschen, davon zu erzählen.[34] Sie wären sicher fantastische Botschafter der guten Nachricht gewesen, dass der Tod besiegt und der Messias nun endlich in die Welt gekommen ist. Sie wären motiviert, sie hätten etwas Aufregendes zu erzählen und wären sogar selbst der lebende Beweis dafür. Aber: Sie alle dürfen es nicht erzählen.

Und dann begegnet uns ganz am Ende des Evangeliums der Offizier, der die Kreuzigung durchführen muss. Berufssoldat. Vertreter einer überheblichen Weltmacht, die alle anderen Völker (außer die Griechen) für kulturell unterlegen hält. Im Töten und Befehlegeben hat er Routine, die Verachtung für den Feind ist die Quelle seines Willens zum Kampf und zum Sieg. Er verlässt sich auf sein Schwert, seine Kameraden und Mars, den Gott des Krieges. Moralisch ist dieser Mann völlig unglaubwürdig. Es gibt niemanden im ganzen Evangelium, der weniger Grund hätte, von Jesus zu erzählen. Er wartet auf keinen Messias. Er kennt Jesus nicht und auch nicht den Gott der Liebe. Er hat keines der Wunder gesehen. Alles, was er mit Jesus erlebt, ist sein offensichtliches Scheitern am Kreuz. Alles, was er von Jesus hört, sind seine letzten Worte: »Mein Gott, mein Gott, warum hast du mich verlassen?« Tagelange Aufregung um einen Wanderprediger, und dann so ein erbärmliches Ende. Und doch ist der römische Zenturio der erste, der ein Glaubensbekenntnis spricht: »Dieser Mann ist wirklich Gottes Sohn gewesen!« Typisch Soldat. Kein Wort zu viel.

Gott sucht sich keine Helden, um den Glauben an ihn auszusprechen. Er sucht sich Menschen mit Fehlern und Problemen, die anderen Menschen mit Fehlern und Problemen Mut machen. Das ist der Anspruch, den Gott an uns hat. Der Anspruch anderer Menschen mag sehr viel höher sein, und unser eigener ist es ganz sicher. Gott ist offenbar mit weniger zufrieden. Also sollten wir uns die Frage »Warum?« gefallen lassen. Sie mag eine Überforderung sein. Das macht es sehr verlockend, ihr auszuweichen. Ich praktiziere das selbst manchmal, wenn ich müde bin oder genervt. Aber: Sie zeigt uns oft, dass wir noch einen Weg mit Gott zu gehen haben, um dorthin zu kommen, wo wir hinsollen. An den Punkt, an dem wir erklären können, warum uns der Glaube wichtig ist. Sollte uns ausgerecht der nichtgläubige Partner weiter bringen auf diesem Weg?

## Was ist Dein »Warum«?

Vielleicht ist es ja gar nicht schlecht, in Frage gestellt zu werden. Der US-Amerikanische Unternehmensberater Simon Sinek hat daraus sogar ein Geschäftsmodell entwickelt. Er hat dazu einen berühmten Vortrag auf einer der größten Plattformen gehalten, die ein Sprecher haben kann, weil er komplizierte Dinge einfach ausdrücken kann.[35] Sein Thema: Wie kommen wir zu bewussten Entscheidungen, die zu uns passen? Wie können wir so handeln, dass wir glaubwürdig sind? Das ist im Kern genau unsere Frage. Im Alltag stellen wir sie aber in der Regel nicht. Wenn wir berufliche Projekte oder private Herausforderungen angehen, fragen wir fast immer zuerst »Was?«.

Was soll passieren? Kinder sollen getauft werden, oder ich möchte, dass Du mit in den Gottesdienst gehst. In der Welt Sineks gilt das auch in Unternehmen: Wir haben eine Idee für ein großartiges Produkt oder eine neue Werbemaßnahme. Im Unternehmen kann das der Weg in chaotischen Aktionismus sein. In unseren Beziehungen kann es dazu führen, dass wir die Konflikte an den falschen Stellen führen. Nämlich darum, ob demnächst eine Taufe stattfinden soll. Stattdessen rät er dazu, zuerst zu klären, *warum* man etwas tut, dann *wie* und erst am Ende zu entscheiden, *was* es denn nun ist. Er stellt damit 80 % unserer Entscheidungsprozesse auf den Kopf, und zwar nicht nur im Beruf. Nicht umsonst wurde das Video weltweit ca. 80 Millionen Mal angeklickt.[36] Das Buch dazu ist ein Bestseller.[37] Die Suche nach dem »Warum«, dem »Purpose« ist zum elementaren Bestandteil beruflicher Identitätssuche geworden. Und es bringt uns auch privat weiter.

Das ist alles sehr einfach gedacht, plakativ und irgendwie auch ein bisschen typisch US-amerikanisch. Man kann das mit dem Hinweis abtun, als Christinnen und Christen hätten wir unser »Warum« ja sowieso schon gefunden. Vielleicht steckt aber auch eine Hilfe darin, unseren Glauben und die Beziehung zu unserem Partner zu vertiefen. Vielleicht hast Du Dein »Warum« längst gefunden, und Dir fehlen nur die Worte, um es auszudrücken. Aber auch dann hilft dieser Ansatz weiter.

Wenn die Warum-Frage durch unseren nichtgläubigen Partner ohnehin im Raum steht, können wir sie genauso gut zum Ausgangspunkt aller Überlegungen machen. Dass »Weil es mir wichtig ist!« keine echte Begründung für den gemeinsamen Gottesdienstbesuch ist, liegt auf der Hand. Ist es Deine wichtigste Stunde in der Woche, in der Du Dir die Energie für die Woche holst? Dazu braucht es Deinen Partner oder Deine Partnerin nicht. Ist es der unausgesprochene, vielleicht auch nur gefühlte Vorwurf der anderen in der Gemeinde, oder geht es Dir selbst auf die Nerven, wieder allein zum Gottesdienst zu kommen? Ist es, weil es Deinem Bild einer Familie entspricht? Ist es, weil Du dieses tiefe Erleben mit ihm oder ihr teilen möchtest? Vielleicht gibt es nicht ein Warum, sondern mehrere. Aber vielleicht gibt es ein Warum, das Ihr gemeinsam angehen könnt. Wenn Dir z.B. der letzte Punkt wichtig ist, die geistliche Tiefe zu teilen – ist der Gottesdienst überhaupt das richtige »Wie«? Vielleicht gelingt einem nichtgläubigen Menschen ein Zugang zu dem, was Du Tiefe nennst, nur in ganz wenigen Momenten. Vielleicht muss sich solch ein Moment spontan ergeben und nicht sonntagmorgens. Vielleicht musst Du lange darauf warten. Eins ist aber sicher: Eure Beziehung wird gewinnen, wenn das Warum benannt werden kann. »Ich möchte mit Dir in den Gottesdienst gehen, weil unsere Liebe nicht nur Alltag braucht, sondern Tiefe. Ich habe Angst, dass wir uns verlieren. Das möchte ich nicht.« Daraus kann ein gemeinsames *Wie* entstehen, und das *Was* (welcher Gottesdienst) ist nur noch eine Frage der Organisation.

## Es wird ehrlich – es wird gefährlich

Der gemeinsame Gottesdienstbesuch ist nur ein mögliches Beispiel, und wahrscheinlich gibt es eines, das besser zu Deinem Leben passt. Es macht aber deutlich, dass eine Beziehung daran wachsen kann, wenn man nicht über die Symptome spricht, sondern über Ursachen. Denn unsere Entscheidungen, Meinungen und Bedürfnisse haben Gründe. Und die können durch ein einfaches »Warum« elementar in Frage gestellt werden. Das ist der zweite Grund, weshalb wir ihr lieber ausweichen. Es ist nicht nur persönlich, es ist manchmal auch gefährlich. Was ist, wenn die Gemeinde bei näherem Hinsehen tatsächlich nicht zu mir passt? Was ist, wenn ich in Wahrheit tatsächlich nicht mehr wirklich glaube, dass Gott etwas in unserem Leben verändert? Was ist, wenn ich merke: Der Glaube ist mir völlig abhandengekommen! Wir sind nicht immer und zu allen Seiten sicher, wir sind immer auch auf der Suche. Kann uns der Partner nicht mit seinen Fragen vom Glauben abbringen?

Natürlich kann das passieren. Und ganz sicher ist es manchmal lästig und unangenehm, sich mit dem »Warum« auseinanderzusetzen. Aus eigener Erfahrung damit kann ich sagen: Mal kann man es besser aushalten als an anderen Tagen. So richtig gut fühlt es sich eigentlich nie an, und manchmal nervt es mich gewaltig. Aber ich muss auch zugeben: Es ist nicht die Partnerin oder der Partner, die unseren Glauben erschüttern. Mit der Warum-Frage bringt er nur zutage, was ohnehin an ungelösten Konflikten und Unsicherheiten da ist. Er oder sie legt unangenehmerweise den Finger in die Wunde, geschlagen haben sie andere und das teilweise vor langer Zeit. Deswegen muss ich zugeben, dass es mich eigentlich immer weitergebracht hat. Es ist also eine Chance. Wenn Dein Glaube auf tönernen Füßen steht, wird er ohnehin über kurz oder lang erschüttert werden. Dann ist es vielleicht besser, wenn es jetzt geschieht und nicht erst, wenn es um die elementaren Fragen von Trauer, Schuld und Tod geht. Er kann dadurch ein tieferes Fundament bekommen.

Wenn Dein Glaube schon fest ist, wird es Dir helfen, ihn deutlicher auszusprechen. Und wenn er einfach irgendwie da ist, wirst Du zu einem differenzierteren Standpunkt kommen, was letztlich sicherer macht. Ich habe alle drei Zustände schon bei mir selbst erlebt, und letztlich habe ich immer wieder einen Weg zu Gott gefunden oder ihn gezeigt bekommen. Es fühlt sich zunächst nicht gut an, aber es setzt einen Prozess in Gang. Mein Glaube hat dadurch einen Schritt gemacht, der mir gutgetan hat. Im Nachhinein bin ich dankbar dafür.

## Auch der Partner wird in Frage gestellt

Wenn man über den Glauben redet, über das *Warum* und nicht nur über das *Was*, ist das auch für den nichtgläubigen Partner oder die nichtgläubige Partnerin ein sensibles Thema mit entsprechendem Konfliktpotential. Ich glaube, dass Christen da mehr Verständnis entwickeln müssen. Der Respekt, den wir für uns und unseren Glauben einfordern, muss auch andersherum gelten. Schließlich stellt unser Konzept von Religion eine grundlegende Haltung in Frage, die zu einem gesellschaftlichen Megatrend geworden ist: Die Individualisierung und die damit verbundene Sehnsucht nach persönlicher Freiheit.

Wir sprechen hier nicht über eine Mode, die irgendwann in den letzten Jahrzehnten aufgekommen ist und demnächst vergeht. Seit die Renaissance das »Ich« entdeckt und ihm im Denken, in der Wissenschaft und in der Kunst und Kultur Raum gegeben hat, ist der Wunsch nach persönlicher Entscheidungsfreiheit, trotz aller Gegenbewegungen wie der des Kommunismus, zumindest in westlich geprägten Gesellschaften durchgehend gestiegen. Die Kunst des Mittelalters etwa ließ kaum zu, dass man individuelle Gesichtszüge erkennen konnte, jetzt sollte sie die Persönlichkeit von Menschen wiedererkennbar machen. Selbst die Bewegung des Protestantismus kann man als Teil dieser Entwicklung verstehen. Schon Luthers Grundfrage war »Wie bekomme *ich* einen gnädigen Gott?«. Auch kennt er bereits die Freiheit des eigenen Gewissens als maßgebliche Entscheidungsgröße, wenngleich es sich noch nicht völlig frei bewegen kann. Bei der Verteidigung seiner Schriften auf dem Reichstag von Worms 1521 sagt er: »Mein Gewissen ist gefangen in Gottes Wort. Es ist nicht geraten, etwas gegen das Gewissen zu tun. Hier stehe ich, ich kann nicht anders.«

Die Freiheit des Individuums ist bei Luther schon da, aber sie beruht noch darauf, dass das Gewissen von der Heiligen Schrift geleitet wird. Diese Bindung ist uns gesellschaftlich in dem Maß verloren gegangen, in dem wir uns freier entfalten konnten. Das betrifft auch die Religionsausübung. Sie wird oft mit dem Programm der Aufklärung in Verbindung gebracht, ist aber erst seit 1919 in Deutschland gesetzlich verankert.[38] Die Menschen streben aber offenkundig schon länger danach. Mit der Aufklärung ist nur der Gedanke zunehmend attraktiv geworden, die Religionsfreiheit als Freiheit zum Nicht-Glauben zu verstehen. Die Frage nach der Wahrheit ist zu einer persönlichen Entscheidung geworden. Sie ist relativ und Gott ist immer seltener eine Antwortmöglichkeit.

Der Wert der Freiheit ist also tief in unserer Gesellschaft verwurzelt. Er hat sich in Generationen entwickelt und musste teilweise schmerzhaft erkämpft werden. Entsprechend empfindlich sind wir, wenn sie eingeschränkt wird. Das tut der christliche Glaube jedoch. Das Christentum ist eine Offenbarungsreligion. Wir vertrauen darauf, dass Gott sich in besonderer Weise in Jesus von Nazareth gezeigt hat. Daraus leiten wir ab, dass er der verheißene Christus ist, der Erlöser, durch den wir Zugang zum ewigen Leben haben. Alles, was wir von Gott denken, muss sich an Jesus messen lassen. Daraus leiten wir auch ab, dass er der einzige Weg zu Gott ist. Er sagt »Ich bin der Weg, die Wahrheit und das Leben. Es gibt keinen anderen Weg zum Vater als mich.« (Joh 16,4) Und er meint es auch so. Christliche Wahrheit ist nicht relativ. Sie ist absolut. Unser Gewissen ist eben immer noch »gefangen in Gottes Wort«. Das ist es gerade, was uns Sicherheit gibt und auch die Freiheit, nach unserem Gewissen zu handeln. Diese Gefangenschaft ist keine Kerkerhaft, sondern die angenehmste Variante der Abhängigkeit. Es ist Liebe. Die Liebe Gottes. Unsere

Freiheit entsteht nicht daraus, dass wir uns eine eigene Wahrheit suchen; sie entsteht daraus, dass wir uns darauf verlassen, dass Gottes Wort wahr ist.

Wer diese Liebe nicht spürt, erlebt das alles als ein aufwendiges Konstrukt, Menschen abhängig und damit unfrei zu machen. Ohne Liebe wird die Religion zu einem hohlen, nutzlosen Gesetz, das mir Grenzen setzt, wo ich Freiheit suche. Da sollte es uns nicht wundern, wenn ein Gespräch über den Glauben leicht als missionarischer Angriff auf einen intimen Lebensbereich verstanden werden kann. Denn im Grunde ist er das auch, selbst wenn er nicht absichtlich geführt wird. Wer über Gott spricht, spricht immer auch über die maßgeblichen Werte des Lebens. Was ist wichtig im Leben? Was ist der Sinn? Wofür bist du da? Machst du das Richtige in den wenigen Jahren, die du hast? Gibt es vielleicht doch so etwas wie ewiges Leben und ewige Verdamnis? Keine dieser Fragen muss ausdrücklich gestellt werden, um implizit vom Hörer gedacht zu werden.

Und so kommen wir im Gespräch über den Glauben in Windeseile genau da hin, wo wir mit den Menschen, die uns wichtig sind, gar nicht hinwollen. Wir stellen sie in Frage. Und das fühlt sich so an, als würde ein alter Bekannter das vertrauensvolle Verhältnis dazu missbrauchen, einem eine überflüssige Versicherung anzudrehen.

So wundert es auch nicht, dass die Antwort manchmal zügig kommt und entsprechend heftig ausfällt. Der Vorwurf des Fundamentalismus ist schnell ausgesprochen. Eine absolute Wahrheit wird immer als übergriffig erlebt. Fundamentalismus fängt aber nicht da an, wo man einen absoluten Anspruch formuliert. Er fängt da an, wo man anderen nicht zugesteht, selbst eine andere – ebenfalls absolute – Wahrheit gefunden zu haben. Und diese Offenheit sollte jeder Glaube haben. Wir selbst glauben an das, was

Gott uns von sich zeigen wollte, was er durch Jesus von Nazareth und viele andere getan und gesagt hat. Wir können nicht anders, als anzunehmen, dass diese Botschaft wahr ist. Aber wir können gefahrlos jedem anderen Menschen zugestehen, das gleiche von seinem Glauben oder Unglauben zu behaupten.

Der Glaube ist also auch für Nichtgläubige eine Zumutung. Vielleicht erlebt Dein Partner oder Deine Partnerin die Warum-Frage aber trotz aller unangenehmen Nebenwirkungen und schmerzhaften Prozesse als Bereicherung. Das Potential dazu hat sie. Ich wünsche es Euch.

# 13.
# Wie spricht man über den Glauben?

Du sitzt mit Deiner Partnerin oder Deinem Partner gemütlich vor dem Kamin. Ihr sprecht über die letzten Jahre und das, was schön war, was gut gelaufen ist. Sie oder er sagt: »Wir haben alles richtig gemacht. Wir haben eine großartige Wohnung gefunden und mit den Kindern läuft es gut. Wir sind gesund und wir haben uns nach vielen Jahren immer noch was zu sagen. Klasse!« Du denkst: »Ja, Gott hat es gut mit uns gemeint.« Aber über die Lippen kommt es Dir nicht. Warum eigentlich nicht?

Das Leben durch die Brille des Glaubens zu sehen ist das eine, darüber zu sprechen etwas anderes. Am leichtesten fällt es Gläubigen mit missionarischem Eifer. Und vielleicht hältst Du dieses Buch in den Händen in der Hoffnung, Du würdest endlich das eine Argument, den einen Satz finden, der Deine Partnerin oder Deinen Partner endlich auf den Weg des Glaubens führt! Vielleicht leistet dieses Buch einen Beitrag; dass es den Durchbruch bringt, ist unwahrscheinlich. Wie Studien zeigen[39], ist es in der Regel ein längerer Prozess, in dem Erwachsene sich dem Glauben zuwenden. Dabei spielt der Kontakt zu gläubigen Menschen eine entscheidende Rolle. Für 84 Prozent der Befragten waren Freunde und Bekannte entscheidend. Die Ehepartner, die Mutter (nicht den Vater!) und die Kinder geben je 53 Prozent der Befragten als wichtig an. Für 88 Prozent waren die Pfarrerin bzw. der Pfarrer prägend auf dem Weg zum Glauben. Du bist also wichtig dafür; ein einzelner Satz kann auch eine Bedeutung haben, aber sicher nicht allein.

Menschen kommen durch andere Menschen zum Glauben. Aber auf Dauer kannst Du keine Beziehung führen, in der Du Dich »missionarisch verkrampfst«. Wie wir gesehen haben, geht auch Paulus davon aus, dass die Familie eher ein Ort für eine alltägliche christliche Lebensweise als für die Predigt ist (siehe Kap. 3). Vielleicht wird Deine Partnerin oder Dein Partner eines Tages zum Glauben finden, vielleicht nicht. Vielleicht wird er oder sie sich dann an eine Begebenheit erinnern, in der Du etwas Entscheidendes gesagt hast. Vielleicht aber auch nicht. Es liegt nicht in Deiner Hand. Letztlich wird niemand zum Glauben kommen, weil man ihn bedrängt. Trotzdem muss man in der Beziehung darüber sprechen. Über Glauben und Nichtglauben zu sprechen, muss ein Anliegen für beide Partner sein. Alles, was einem der Partner wichtig ist, wird regelmäßig Thema für beide. Sonst wird das Zusammenleben schwer.

Wir suchen also nicht nach einer Vorlage für eine eindrucksvolle familiäre Missionsrede. Es geht um den Schritt, in dem das »Warum« zum »Wie« wird. Es geht darum, Wege zu finden, Deinen Glauben in Worten und Handlungsweisen echt und natürlich auszudrücken. Im besten Fall stört das Eure Beziehung nicht, sondern bereichert und vertieft sie. Diese Suche ist nicht einfach. Es wird Spannungen geben und Irritationen, auch die eine oder andere Verletzung. Richte Dich schon einmal darauf ein. Und es dauert. Über den Glauben sprechen zu lernen ist ein Prozess, kein einzelner Schritt. Die allermeisten Menschen sind so wenig gewöhnt, über den Glauben zu sprechen, dass es vor allem eines braucht: Mut.

# Mut

Die weitgehende Sprachlosigkeit in Glaubensfragen ist so weit fortgeschritten, dass manchmal auch Menschen, die berufsmäßig über den Glauben sprechen möchten, zunächst einigen Mut aufbringen müssen. So ist es zumindest mir gegangen. Heute muss ich selbst darüber schmunzeln – aber ich hatte das Theologiestudium aufgenommen, ohne mir klarzumachen, dass ich dann öffentlich über sehr persönliche Dinge sprechen muss, falls meine Predigten jemals einen Zuhörer zu irgendetwas bewegen sollten.

Als Jugendlicher wuchs ich in eine Gemeinde hinein, die mir großartige Entwicklungsmöglichkeiten in der Jugendarbeit und vor allem als Musiker und Chorleiter bot. Sie war lebendig. Ihre Kultur war aber typisch volkskirchlich: Über den Glauben spricht der Pfarrer, sonst keiner. Das war der unausgesprochene Konsens, ohne dass ihn jemand verordnet oder gefördert hätte. Es geschah einfach. Heute kommt mir der Gedanke absurd vor. So bin ich also bei meiner ersten Andacht als Student ins kalte Wasser gestoßen worden, und dementsprechend auch knallrot angelaufen, als es um Gott ging. Und dass, obwohl ich schon oft vor Menschen aufgetreten war. Aber das war Schule oder eine Ansage beim Konzert oder ein christliches Lied. Von Gott zu singen ist das eine – von ihm persönlich mit eigenen Worten zu sprechen ist schon etwas ganz anderes.

Es gibt Pfarrerinnen und Pfarrer, die erklären, nur im Talar von Gott zu reden, weil ihnen diese Rolle Sicherheit gibt. Es tut niemandem weh, wenn eine Geistliche oder ein Geistlicher tut, was man üblicherweise von ihr erwartet. Aber wie ist das in der Familie? Da sind wir nicht Predigerinnen oder Prediger. Für unsere Lieben sind wir immer zuerst Ehepartner oder Freundin oder Mama oder Papa. Eine schützende Berufskleidung gibt es nicht.

Wir sprechen immerhin mit den Menschen, die uns am besten kennen. Aber sie müssen ja nicht die ersten sein, mit denen wir es versuchen.

Eigentlich sollte man es andersherum erwarten: Erst zuhause über den Glauben sprechen, mit Menschen, die uns vertraut sind. Das können diejenigen machen, die von Gläubigen umgeben sind, wo der Glaube selbstverständlich dazugehört. Wir haben diese Möglichkeit nicht. Wir müssen unsere Komfortzone verlassen. Der mutige Schritt dazu fällt leichter in eine Richtung, aus der Bestätigung zu erwarten ist, als dort, wo wir uns nicht widerspruchsfrei verstanden fühlen können. Das letzte, was wir bei unseren ersten Schritten brauchen, ist Irritation und Kritik. Ich glaube daher, dass es viel einfacher ist, zuerst mit Menschen über den Glauben zu sprechen, die ebenfalls gläubig sind. Auch wenn sie uns nicht so nahestehen. Es ist nicht immer leicht, den ersten Schritt zu machen. Es ist auch nicht immer leicht, solche Menschen überhaupt zu finden. Aber es kann gelingen. Wir werden später noch darauf zurückkommen.

## Was hast Du zu sagen?

Auch wenn es in der schillernden Welt von Social Media und Influencertum etwas aus der Mode gekommen ist – es sollte sprechen, wer etwas zu sagen hat. Ohne Standpunkt gibt es keine Aussage. Einen Standpunkt zu entwickeln ist die eigentliche Hürde. Wie kommt man dahin? Wie viele Bücher muss man gelesen haben? Wie lange muss man glauben? Wann hat man das eigene »Warum« tatsächlich gefunden? Nun: Man sucht sich ein Thema, das einen selbst persönlich berührt. Und von da aus arbeitet man sich weiter vor. Das Allermeiste ist schon einmal gedacht oder gesagt worden. Nur noch nicht von Dir.

Wenn die Aufgabe ist, persönlich und authentisch über den Glauben zu sprechen, reicht es nicht, Formulierungen anderer Denker wiederzugeben. Aber sie können ungeheuer weiterhelfen, einen eigenen Standpunkt zu entwickeln. Nichtgläubigen Menschen mögen sie manchmal nichts sagen, uns können sie Welten öffnen. Ich sammle deswegen seit über 20 Jahren Bilder, Geschichten, Aphorismen, Songtexte und Gedanken aus Gesprächen und Predigten, die mich berühren und etwas über meinen Glauben sagen. Früher war es ein Notizbuch; heute trage ich sie in einer Datei auf dem Smartphone bei mir. Ich notiere immer sofort, auch im Gottesdienst. In einigen wenigen Gemeinden ist es Tradition, dass Menschen während der Predigt Notizen machen. Ich finde das sehr sinnvoll. Es geht nicht darum, die ungeheure Weisheit der Predigerin oder des Predigers zu dokumentieren; aber in der Vielzahl der Botschaften ist es hilfreich, dafür zu sorgen, dass die wichtigsten auch tatsächlich nicht vergessen werden.

Durch diese Sammlung ist eine unsystematische Mischung aus Textbruchstücken und Bildern entstanden. Zusammen mit meinen eigenen Erlebnissen mit Gott und der Bibel bilden sie die Grundlage der allermeisten Dinge, die ich über Gott und das Leben denke. Es braucht dazu jedoch keine jahrzehntelange Geduld. Man kann sofort damit anfangen und ist nie damit fertig. An dieser Sammlung entlang habe ich mich mit Büchern auseinandergesetzt, Gespräche geführt, Predigten entwickelt.

Wenn man eine Persönlichkeit hat, die mehr Struktur braucht, kann man auch versuchen, ein Glaubensbekenntnis zu formulieren. Mit Schulklassen und Konfirmandengruppen macht man das häufig. Es hat allerdings den Nachteil, dass allein schon die Formulierung »Mein Bekenntnis« den Eindruck erweckt, es gehe darum, den Glauben abschließend auf den Punkt zu bringen. Das ist aber weder nötig noch sinnvoll. Es geht nur darum, Glaubensaussagen zu finden, die etwas von dem ausrücken, was man selbst mit Gott erlebt.

## Bilder

Wir wollen ausdrücken, was wir glauben oder zumindest, welche Fragen wir haben. Suchen wir dann nach schlüssigen Argumenten und nachvollziehbaren Glaubensbekenntnissen? Niederschwelliger ist der Zugang über Bilder. Sprachliche Bilder sind schon allein deshalb wichtiger als Argumente, weil sei bei Zuhörern besser in Erinnerung bleiben. Sie machen den Großteil unserer Kommunikation aus. Unser Glaube hat eine reiche Bildersprache entwickelt, die durch die Jahrhunderte zu uns sprechen. Der »gute Hirte« aus Psalm 23 prägt immer noch das Gottesbild von Millionen, auch wenn die wenigsten von uns noch einen Hirten kennen oder je gesehen haben. Es gibt eben Bilder, die unabhängig von Epoche, Kultur und Bildungsstand funktionieren. Man nennt sie Archetypen. Sie beruhen auf elementaren Erfahrungen des menschlichen Daseins: die Sehnsucht nach Wärme und Freundschaft, die Angst vor Wasser, Wind und Feuer, das Gefühl nach Hause zu kommen, das Motiv des Unterwegseins, die Familie als elementare Form des Zusammenlebens, das prägende Naturerlebnis, das die Größe Gottes beweist, die Sehnsucht nach Licht in der Dunkelheit usw.

Auch Jesus nutzt Archetypen. Er spricht deswegen vom »Vater im Himmel«, weil es eine Erfahrung ist, die ausnahmslos alle Menschen miteinander teilen: Die Sehnsucht nach einem liebenden Vater (genauso oder noch viel mehr nach einer liebenden Mutter) und zwar unabhängig davon, ob man sie als Kind hatte oder nicht. Entweder, wir wollen zu dem Vater, den wir als Kinder erlebt haben, zurück. Oder wir wollen den Vater erleben, den wir nicht hatten. Wenn wir Gott mit solchen Bildern beschreiben, können wir an die Erfahrungen unserer Gesprächspartner anknüpfen.

Natürlich legen wir mit einem solchen Bild Gott auf der Grundlage unserer menschlichen Erfahrungen fest. Schließlich können wir nicht an den Vater im Himmel denken, ohne unseren eigenen Vater und unsere Erfahrungen mit ihm dabei mitzuerleben. Wenn wir schlechte Erinnerungen an ihn in uns tragen, kann das den Zugang zu Gott sogar erschweren. Das lässt sich nicht verhindern. Wir sprechen ohnehin niemals so über Gott, dass wir ihm vollständig gerecht werden. Es überfordert uns Menschen immer, die ganze Wirklichkeit Gottes zu erfassen. Natürlich ist Gott nicht so, wie wir ihn uns vorstellen. Er ist immer mehr. Deswegen ist unser Glaube immer unvollständig, und unsere Bilder sind es auch. Es geht auch hier nicht um theologische Richtigkeit oder Vollständigkeit, sondern um persönliches Erleben.

Wir versuchen es mit einem Beispiel: Viele Gläubige erleben Gott so, dass er in ihr Leben eingreift. Er schenkt Begegnungen und Erlebnisse; bewahrt vor Krankheit und Not oder hilft durch die Krise. Als sachliches Argument für den Glauben ist das schwach: Wir erleben doch jeden Tag, dass das hundert- und tausendfach nicht passiert. Auf den Krebsstationen und den Notaufnahmen wird jeden Tag der Gegenbeweis erbracht. Wenn Gott in das Leben eingreift, warum tut er es nicht jetzt und hier? Es braucht nur wenige Augenblicke von der elementaren Glaubenserfahrung (die man ja vielleicht auch einfach mal teilen will, ohne eine theologische Diskussion zu beginnen) zu einer der ganzen großen Fragen, nämlich der nach Gottes Gerechtigkeit. Warum greift er nicht ein? Entweder ist er nicht allmächtig und kann es nicht. Oder er ist grausam und will es nicht. Wenn Du das Thema mit Deinem Partner erörterst, könnt Ihr euch die jahrhundertealten Argumente noch einmal neu gegenseitig auf den Tisch legen. Mit demselben Ergebnis wie immer: Der Gläubige traut Gott zu, das Richtige zu tun, auch wenn wir Menschen es nicht verstehen. Der Nichtgläubige hält es für die Ausrede einer Religion, die keine logische Lehre entwickelt hat.

Auf der Sachebene kommt ihr nicht weiter. Und wie ist es auf der bildlichen? Es gibt ein sehr starkes Bild dafür: Gott trägt mich durch das Leben. Margaret Fishback-Powers hat mit ihrem Text »Spuren im Sand« dieses Bild so verstärkt, dass es für viele zum Glaubensbekenntnis geworden ist. Dort, wo die Spuren Gottes neben den meinen augenscheinlich fehlen, hat er mich getragen. Es ist einer der wirkungsmächtigsten christlichen Texte des 20. Jahrhunderts. Kein Argument, ein Bild. »Ich fühle mich genauso getragen wie in diesem Text.« Das drückt ein Gefühl mit einem Bild aus. Vielleicht ermöglicht es einem Nichtgläubigen eher den Zugang zu einer ganzen Welt, die ihm fremd ist. Nicht intellektuell, sondern emotional.

## Mein Erlebnis, meine Geschichte

Wenn Menschen über Dinge sprechen, die ihnen wichtig sind, merkt man ihnen das sofort an. Sie müssen nicht lange überlegen, die Begeisterung reißt sie einfach mit. Sie haben aber vor allem eins: Übung. Im Grunde sind es immer dieselben Geschichten und Erlebnisse, von denen sie berichten. Es sind die Schlüsselerlebnisse: Das große Pokalfinale, der Tag, an dem das erste selbstgebaute ferngesteuerte Flugzeug abhob, die prägende Urlaubsreise. Es sind auch immer dieselben Gefühle, von denen berichtet wird: die Gemeinschaft mit Fans, die Gänsehaut nach Monaten im Bastelkeller und das Gefühl von Freiheit am Meer. Sie können leicht über diese Erlebnisse sprechen, weil sie Routine darin haben. Die Geschichte funktioniert beim Smalltalk im Bus auf dem Weg zur Arbeit, auf der Party und an der Kindergartentür, weil sie kurz sind und allgemein verständlich. Auch für den Glauben können wir solche Erlebnisse finden und die Formulierungen dafür einüben. Manchmal genügen ein einziges Erlebnis und ein einzelner Satz.

Mitten in der Pandemie, als selbst im Ruhrgebiet die Straßen staufrei waren und ich kaum aus dem Haus ging, wäre ich auf einer der seltenen Autofahrten um ein Haar in einen schweren Verkehrsunfall geraten. Die Sonne schien, das Wochenende stand vor der Tür. Kaum etwas los auf der Autobahn. Plötzlich schießt ein blauer BMW an mir vorbei, viel zu schnell und schon im Schlingern. Der Fahrer verliert die Kontrolle, das Auto dreht sich einmal um die eigene Achse und landet in der Leitplanke. Das alles keine 20 Meter von mir entfernt bei Tempo 130. Ich habe einen Schock; sonst ist nichts passiert. Ich halte an, stelle das Warndreieck auf. Warte auf die Feuerwehr, mache meine Zeugenaussage. Bürgerpflicht.

Auf dem Weg nach Hause kommen die Gedanken, die man so hat: Da sieht man, wie schnell es gehen kann. 1.000 Mal bin ich den Weg sicher gefahren, heute hätte es das letzte Mal sein können. Dieses Mal waren es nur zwei Leichtverletzte.

Fast alle meine Freunde und auch meine Frau würden sagen: »Da hast Du Glück gehabt.« Ich sage: »Ich bin bewahrt worden.« Der eine Satz reicht, um viel von dem ausdrücken, was Gott für mich bedeutet. Und die Geschichte erzählt, wie ich zu diesem Gottesbild gekommen hin. Es braucht nur wenige Worte. Nachdem ich angefangen habe, von dem Unfall als »bewahrt werden« zu sprechen, sind die Reaktionen sehr unterschiedlich. Die Christen nicken, die Nichtgläubigen zucken überrascht mit den Augenbrauen. Aber niemand will mir das absprechen. Mein Erlebnis darf mein Erlebnis sein. Dass ich so anders auf mein Erlebnis schaue als mein Umfeld, bewegt mich sehr. Dazu entsteht dieser kurze Text:

*Die anderen sagen: Da hast Du aber Glück gehabt. – Ich fühle: er hat mich bewahrt.*
*Sie nennen das Schicksal. – Ich nenne ihn Vater.*
*Die anderen sagen: Ich drücke Dir die Daumen. – Ich sage: Ich bete.*
*Sie sagen: Du führst ein Selbstgespräch. – Ich lächle.*

*Die anderen sagen: Die Religion ist ein Unglück. – Ich sage: Der Glaube macht mich frei.*
*Sie nennen es Natur. – Ich nenne es Schöpfung.*
*Sie nennen es Musik. – Ich nenne es Gospel.*
*Sie halten das Buch für eine Sammlung alter Geschichten. – Für mich ist es die Heilige Schrift.*

*Die anderen sagen: Jesus war ein guter Mensch. – Ich sage: er ist Retter, Freund, Heiland, Lehrer.*
*Sie sagen: Er ist tot. – Ich sage: Er lebt.*
*Sie sagen: Der Tod ist das Ende. – Ich sage: Er ist der Beginn von etwas Neuem.*

*Die anderen sagen: »Beweis es!« – Ich sage: Ich spüre es.*
*Sie sagen: »Ob ich nun glaube oder nicht, was ändert das schon.«*
*Ich denke: Es ändert alles. Meine Perspektive. Meine Prioritäten. Meine Worte. Meine Taten.*
*Es verändert mein ganzes Leben. Ohne Gott wäre ich ein anderer. Ganz sicher.*

## Mit Kindern über Gott sprechen

Gerade wenn man wenig Übung hat, über den Glauben zu sprechen, sind Kinder ein ideales Übungsfeld. Viele Erwachsene scheuen sich vor tiefgründigen Kinderfragen, die ja oft mitten im Alltag aus ihnen herausplatzen können. Von »Ich möchte Pommes!« zu »Warum lässt Gott eigentlich Kinder hungern?« kann es manchmal ziemlich schnell gehen. Wie fällt einem da – abgehetzt und selbst hungrig – die richtige Antwort ein?

Es geht nicht um eine richtige Antwort; es geht um eine persönliche. Und wenn man keine hat – Kinder halten das aus, wenn sie Eltern an anderer Stelle als sicher erleben. Man sollte es sich damit aber auch nicht zu einfach machen. Das Thema ist nicht vom Tisch, nur weil die Situation überstanden ist. Wir müssen dann selbst nach einer Antwort suchen, sie so einfach wie möglich formulieren und dann bei passender Gelegenheit mit den Kindern wieder darauf zu sprechen kommen.

Nebenbei hilft es auch, den eigenen Glauben zu vertiefen. Nicht umsonst sagt Jesus »Wer sich das Reich Gottes nicht wie ein Kind schenken lässt, wird nicht hineinkommen« (Lk 18,17). Eine theologische Ausbildung hilft nicht immer dabei, dass alles einfacher wird. Nach Abschluss meines Studiums hatte ich mir den Sprech- und Schreibstil der Uni angewöhnt. Das steht der Kommunikation mit Kindern eher im Weg. Andersherum helfen Kinder dabei, die Erdung der hohen Theologie zu finden. Ich wurde einmal von unseren Kindern gefragt, wie man sich das vorstellen kann, dass Jesus noch lebt. Man kann über den Himmel sprechen, das ewige Leben und noch viel mehr. Ich habe es einfach gemacht: »Für mich ist der genauso da wie die fremden Ritter, gegen die ihr neulich im Garten gekämpft habt. Ich sehe ihn nicht; ich spüre aber, dass er da ist. Deine Ritter sehen ja auch nicht alle.« Die Kinder fanden das erst einmal plausibel. Ich war nicht zufrieden: Mit solch einer Aussage macht man sich von allen Seiten angreifbar. Jesus als Einbildung der Fantasie! Aber es geht nicht um Vollständigkeit. Und vielleicht fällt mir eine bessere Antwort ein, bis ich wieder gefragt werde.

## Mit Ritualen, Symbolen und Musik sprechen

In unserem Haus gibt es zwei Kreuze. Das eine hängt über dem Tisch, an dem ich dieses Buch schreibe. Es zeigt den Auferstandenen, noch in Kreuzeshaltung, aber schon lebendig. Seine Arme zeigen zum Himmel. Alles an diesem schlichten Kreuz strebt nach oben. Immer wenn ich dorthin sehe, denke ich an den Satz Jesu »Ich lebe und ihr sollt auch leben.« Das zweite ist nur 3 cm hoch. Es steht im Wohnzimmer und ist sehr unauffällig. Aber es steht auf dem Kamin. Genau dort, wo jeder Besucher hinschaut. Es hat eine Geschichte: Es ist ein Patronenkreuz. Ein ehemaliger Kindersoldat hat es aus einer Patrone für ein Sturmgewehr gefertigt. Als ich es in einem Gottesdienst geschenkt bekam, hat mich das sehr gerührt. Ich schaue es jeden Tag an, weil es den Kern meines Glaubens symbolisiert. Gott ist in die Welt gekommen, um den Frieden zu bringen, den ich nicht machen kann. Frieden mit Gott und Frieden mit den Menschen. Es steht dort für mich – und für unsere Gäste, denen ich jedes Mal diese kleine Geschichte erzähle, wenn sich die Möglichkeit dazu bietet.

Glaube ohne Symbole und Rituale gibt es ja im Grunde genommen gar nicht. Da es ohnehin unmöglich ist, Gott vollständig in Worte zu fassen, brauchen wir diese Ebene. Sie schaffen eine erlebbare Verbindung zwischen Gott und der Welt. Sie können ausdrücken, wofür uns die Worte fehlen. Und sie sind eine gute Möglichkeit, den eigenen Glauben für andere sichtbar zu machen, ohne man selbst drüber sprechen muss. Natürlich geben auch sie kein vollständiges Bild von Gott, und sie werden vielleicht noch schneller missverstanden als Worte. Aber sie schaffen eine Erlebnisebene und einen emotionalen Zugang.

Rituale und Symbole müssen nicht zwangsläufig religiös sein. Wenn z.B. jemand seine Sorgen auf ein Blatt Papier schreibt und es symbolisch verbrennt, kann er ein Christ sein, muss es jedoch nicht. Häufig sind die traditionellen Gesten am eindeutigsten mit unserem Glauben in Verbindung zu bringen. Wenn sich z.B. ein Fußballer bekreuzigt, bezeugt er seinen Glauben vor Millionen Fernsehzuschauern, ohne ein Wort zu sagen. Wer nicht aus dieser Glaubenstradition stammt und nicht so viele Zuschauer bei der Arbeit hat, hat eine ganze Reihe anderer Möglichkeiten. Das Gebet und Anzünden einer Kerze beim touristischen Besuch in einer Kirche, Fastenzeiten, Gottesdienste an Feiertagen, das morgendliche Lesen der Tageslosungen oder eine feste Zeit für Stille, Gebet und Bibellesen. Es gibt Kreuze als Handschmeichler, an denen man sich buchstäblich festhalten kann. Auf dem Nachttisch erinnern sie jeden Abend daran, dass Gott nur eine Armlänge weit entfernt ist. Auch den Partner oder die Partnerin. Das gleiche gilt für Dekorationen zu Ostern und Weihnachten und anderen Festtagen und religiöse Kunst in der Wohnung. Es geht nicht darum, die gemeinsame Wohnung sakral zu möblieren. Aber wenn der Glaube Teil Deines Lebens ist, darf er zuhause auch einen Platz finden. Und: So kannst Du von Deinem Glauben erzählen, ohne große Worte machen zu müssen.

Das gilt auch für die Musik. Wer und was wir sind, zeigt sich auch in den Liedern, die wir hören. Passend dazu gibt es bei genauerer Suche kaum einen Musikstil, der nicht auch einen christlichen Ableger hat – von Klassik über Pop bis Folk und Metal. Der Unterschied zwischen einem Soul- und einem Gospelsong ist manchmal nur, dass statt »Oh Baby« eben »Oh Lord« gesungen wird. Im Grunde geht es in beiden Stilen um Liebe, Verehrung, Leidenschaft. Nur die Richtung ist eine andere. Ein einprägsamer Refrain oder ein gelungenes musikalisches Thema erreicht Tiefen der Seele, die Argumente nicht erreichen. Allerdings dient Musik auch zur Abgrenzung von Gruppen; wer die Songs nicht kennt, kann nicht mitsingen. Die Frage ist also, wie viel religiöse Musik kann in eurem Haushalt gehört oder auch gesungen werden, ohne dass es zu Komplikationen kommt.

Solche Ausdrucksformen des Glaubens sind keine missionarische »Guerillastrategie«. Sie sind Wege, wie der Glaube seinen Weg erlebbar von der Kirche in unsere Wohnungen und damit in unseren Alltag findet. Denn genau da gehört er hin.

## Was andere für christlich halten – was geht es Dich an?

Wir können uns vornehmen, bewusst über unseren Glauben zu sprechen oder wir können vorsätzlich darauf verzichten. Faktisch tun wir es jedoch ständig, und meistens unreflektiert mit der Art und Weise, wie wir als Christin oder Christ unser alltägliches Leben gestalten. Oder anders gesagt: Manche Menschen wissen, dass wir an Gott glauben und fragen sich insgeheim: »Hat er oder sie sich jetzt so verhalten, wie es einem Christen oder einer Christin entspricht?«[40]

Im Christentum widmen wir dem Glauben die meiste Aufmerksamkeit, nicht dem Verhalten – weder dem sozialen Miteinander noch der religiösen Praxis. Für eine Religion finden wir das natürlich. Im Islam wird dies aber beispielsweise anders gesehen. Vier von fünf Säulen des Islam haben mit einem Verhalten zu tun. Natürlich steht dort auch zunächst das Bekenntnis zu Allah an der ersten Stelle, daneben sind das fünfmalige Gebet pro Tag, das Fasten, die soziale Pflichtabgabe und die Pilgerfahrt nach Mekka jedoch Verhaltensweisen, an dem andere einen Muslim oder eine Muslimin erkennen kann.[41]

Das Verhalten von Gläubigen als Randthema zu betrachten, ist also nicht zwangsläufig das Wesen von Religionen. Trotzdem schenken wir insbesondere in der evangelischen Kirche dem Thema wenig Beachtung, und es scheint mir auch in den anderen Kirchen in Deutschland so zu sein. Ich fürchte, das hat auch mit dem theologischen Kern lutherischer Lehre zu tun. Die zentrale Einsicht Luthers war, dass Gott sich dem Menschen allein aus Gnade zuwendet, ohne dass er etwas dazu tut. Er muss Gott nicht durch gute Taten überzeugen. Wenn er nur richtig glaubt, kommen die guten Werke von allein. Wozu sollen wir also unser Verhalten überdenken? Es mag richtig sein, zuerst den Glauben zu sehen; es ist aber zu wenig, dabei stehen zu bleiben und nicht darüber nachzudenken, welche konkreten Folgen der Glaube für unser Handeln hat. Dietrich Bonhoeffer nennt das die »billige Gnade«[42], die das Geschenk der Gnade Gottes achtlos wegwirft, wenn es keine Veränderung in uns bewirkt. Wir können leicht nach dem Motto glauben: »Was nichts kostet, ist auch nichts wert«. Dabei ist Gnade nicht das Gegenteil von Tat, sondern das Gegenteil von Verdienst.[43] Es ist gut, dass dem Thema inzwischen mehr Aufmerksamkeit geschenkt wird. In den USA sind dazu schon früher eine ganze Reihe von Büchern erschienen.[44]

Gerade weil es so wichtig ist, gilt: Sich einfach blindlings den diffusen Erwartungen hinzugeben, die im Allgemeinen an eine Christin oder einen Christen gestellt werden, bringt uns sicher nicht weiter. Man kann leicht zur Projektionsfläche bürgerlicher Werte werden, die bei näherer Betrachtung nicht zwangsläufig christlich sind. Der Vater einer Freundin erläuterte mir, der Garten des Pfarrers sei »eine Schande für die Christenheit«, weil er nicht regelmäßig den Rasen mäht. Einige Monate später hat dieser Mann – und nicht der Pfarrer – seinem Nachbarn auf dem Campingplatz die abnehmbare Deichsel des Caravans gestohlen. Da war von Gott nicht mehr die Rede, nur davon, dass man angesichts der hohen Kosten geradewegs dazu genötigt wird und der Nachbar die Deichsel offenbar nicht brauche. Anspruch und Wirklichkeit treffen eben bei uns allen gelegentlich hart aufeinander. Oder anders gesagt: Der Alltag frisst die Ideale auf. Und so sprechen wir darüber, dass Christen den Müll trennen und jedem Bettler Bargeld geben, auch wenn man schon ahnt, dass es für die nächste Flasche verwendet wird. Dabei ist das nicht einmal ein Schatten dessen, was Gott eigentlich an uns verändern will – und eine so banale Selbstverständlichkeit, dass es nicht spürbar zu einer christlichen Lebensweise gehört.

Unsere Gesellschaft basiert auf christlichen Werten und Verhaltensweisen und hat sie so stark aufgenommen, dass der christliche Ursprung teils nicht verstanden oder sogar abgelehnt wird. Wenn Du Christ in Indonesien bist, erkennt man Dich daran, dass Du Deinen Laden am Sonntag zumachst und nicht am Freitag wie das muslimische Umfeld. Bei uns in Deutschland wird der arbeitsfreie Sonntag als allgemeine gesellschaftliche Errungenschaft angesehen, das biblische Gebot als Ursprung abgelehnt. Vielleicht werden wir bald wieder sehen, dass die Christen diejenigen die sind, die den Sonntag gegen alle Liberalisierungstendenzen als arbeitsfrei verteidigen. Wohlgemerkt die Christen, nicht die Kirchen mit Kampagnen und Anzeigen in Gemeindebriefen.

Die allermeisten Menschen in Deutschland würden von einem christlichen Lebensstil wohl erwarten, dass er in besonderer Weise die Liebe zu Schwachen ausdrückt, ansonsten aber möglichst unauffällig ist und vor allem keine Forderungen stellt, die über Fairtrade-Konsum hinaus gehen. Die vielen politischen Statements und Konsuminitiativen der Kirchen haben wahrscheinlich auch dazu beigetragen, den Glauben so zu verzwergen. Solche Erwartungen können wir zur Kenntnis nehmen; erfüllen müssen wir das nicht. Ich glaube sogar, dass wir uns von dem Anspruch anderer innerlich frei machen müssen. Denn die Ansprüche Gottes an unser Leben sind schon Herausforderung genug.

Jesus lehrt einen Glauben, der das gesamte Leben unter ein anderes Vorzeichen stellt. Ich erinnere noch einmal an das seiner Meinung nach wichtigste Gebot: »Gott lieben mit deinem ganzen Herzen, mit deiner ganzen Seele, mit deiner ganzen Kraft und mit deinem ganzen Denken. Und: Liebe deinen Mitmenschen wie dich selbst« (Lk 10,27). Das bedeutet: Alle unseren alltäglichen Entscheidungen, alle Beziehungen, alle Konflikte, unser Umgang mit Geld usw., all das soll sich an dieser Liebe ausrichten. Sie ist die Brille, durch die wir unser ganzes Leben betrachten. Wann immer ich die Bibel lese und die Konsequenz Jesu erlebe, muss ich einsehen, wie wenig mein eigenes Handeln diesen Ansprüchen genügt. Ganz anders müsste ich leben. Paulus beschreibt das so: »Der Geist (Gottes) dagegen bringt als Ertrag: Liebe, Freude und Frieden, Geduld, Güte und Großzügigkeit, Freude, Freundlichkeit und Selbstbeherrschung« (Gal 5,22). In neun von diesen neun Disziplinen scheitere ich jeden Tag. Es gibt nicht die erlösten Christen einerseits und die böse gottlose Welt andererseits. Die Kirche ist kein besserer Ort; sie ist eine Zuflucht für Menschen, die sich eingestehen: Ich brauche Gottes Hilfe. Und sie sollte ein Ort sein, in dem Menschen gemeinsam lernen, nach dem Willen Gottes zu leben, auch wenn es nicht leicht ist.

Das war der eigentliche Grund, weshalb Jesus Menschen dazu aufgerufen hat, ihm zu folgen. Sie sollten lernen. Ein »Jünger« oder eine »Jüngerin« ist ein Schüler bzw. eine Schülerin. Jemand, der den Weg des Lehrers nachvollzieht und von ihm lernt. Er sagt: »Ich habe euch ein Beispiel gegeben. Ihr sollt das tun, was ich für euch getan habe« (Joh 14,15). Deswegen ergeht es uns auch wie Schülern: Es gibt einige wenige Ausnahmetalente, die sich aus dem Stand bekehren und damit auch ihr Leben schlagartig zum Guten verändern. Und es gibt die vielen anderen, die immer und immer wieder üben müssen. Bei den meisten von uns ist das Christsein in Wahrheit ein »Christwerden«, das nicht aufhört. So hat es auch Martin Luther gesehen: »Das Leben ist nicht ein Frommsein, sondern ein Frommwerden, nicht eine Gesundheit, sondern ein Gesundwerden, nicht ein Sein, sondern ein Werden, nicht eine Ruhe, sondern eine Übung. Wir sind's noch nicht, wir werden's aber. Es ist noch nicht getan oder geschehen, es ist aber im Gang und im Schwang. Es ist nicht das Ende, es ist aber der Weg.«[45]

Dieser Weg hat immer die beiden Dimensionen, die Jesus als Orientierung gibt: Gott lieben und den Menschen in der Nähe. Ich bin der festen Überzeugung, dass es kein Patentrezept gibt. Ich glaube aber sicher, dass wir uns mehr zu dem entwickeln, was Gott in uns sieht, wenn wir Zeit, Energie und Geld für beides investieren. Am besten täglich. Das gelingt mir selbst nicht immer, aber auch ich lerne noch. Und Möglichkeiten gibt es genug: Es gibt Apps für christliche Achtsamkeit, die den Alltag unterbrechen und Raum für Gott schaffen wollen.[46] Es gibt biblische Losungen für jeden Tag. Es gibt das schlichte Motto »Jeden Tag eine gute Tat«, wobei es nicht einfach ist, etwas wirklich Gutes zu tun. Es gibt den bewussten Verzicht auf Konsum, auf Kritik, auf einen schnellen Vorteil im Geschäft und die Abstinenz von Lüge und Ehebruch, auch wenn sich eine Gelegenheit bietet – alles, weil Jesus lehrt, dass das kein guter Weg für uns ist. Es gibt also so viele gute Möglichkeiten, Gott und die Menschen zu lieben so, wie es sie gibt, es nicht zu tun. Daher sollten wir uns auf den Weg machen. Es ist schwer, als Christin oder Christ zu leben. Aber es ist es wert, es zu versuchen. Andere Menschen, auch unsere Partnerin oder unser Partner, mögen vielleicht über uns urteilen. Aber wir glauben ja an die Vergebung Gottes. Und dem sind wir unser Verhalten ja eigentlich schuldig. Also los.

# 14. Der Punkt, an dem wir uns trennen

Das Zusammenleben von Gläubigen und Nichtgläubigen braucht vor allem gegenseitigen Respekt. Das gilt für unsere Gesellschaft, und noch mehr für alle Formen von Liebesbeziehungen, Familien und Freundschaften. Ich erinnere nur deshalb noch einmal kurz daran, weil wir nun zu dem Punkt kommen, wo Sieg und Niederlage oder vielleicht besser Freude und Leid sehr nah beieinander liegen: Der gemeinsame Gottesdienstbesuch kann ein absoluter Höhepunkt einer Beziehung eines gläubigen Menschen mit einem nichtgläubigen sein. Oder der totale Tiefpunkt. Oder beides gleichzeitig.

Wenn Dich Deine nichtgläubigen Familienmitglieder, Partner oder Freunde in einen Gottesdienst begleiten, machen sie ein großes Zugeständnis: Sie bringen wertvolle Freizeit ein, um in eine Welt einzutauchen, die sich ihnen weitgehend nicht erschließt. Sie kennen die Codes dieser Gemeinschaft nicht, also ihre Verhaltensweisen und Gebräuche. Aufstehen – hinsetzen. Wann? Wie halte ich meine Hände beim Beten? Alle sprechen das Vaterunser mit, nur ich nicht. Soll ich jetzt zum Abendmahl gehen oder nicht? Wie geht das Lied? Fragen, die zumindest unmittelbar in der Situation nicht beantwortet werden. Wenn der gläubige Partner dann auch noch Mitglied der Gemeindeleitung ist oder sonst eine Funktion in der Gemeinde hat, fühlt der Nichtgläubige sich dann vielleicht auch noch beobachtet.

Was aber vielleicht noch bedeutender ist: Die Symbole, sprachlichen Bilder und Rituale erschließen sich ihm nicht. Was soll das »Lamm Gottes« sein? Was sind das alles für merkwürdige Figuren an der Decke? Was heißt »Halleluja« noch mal? Diese Barriere gibt es auch in einem weniger traditionellen, scheinbar moderneren Umfeld, wenn z.B. statt einer traditionellen Liturgie Worshipsongs oder Gospels gesungen werden. »I love you Jesus« mag einem leichter über die Lippen gehen als ein »Ich liebe dich, Jesus«. Aber bedeutet es etwas für einen Menschen, der kein bisschen an Gott glaubt? Wahrscheinlich wird er sagen: »Es sagt mir beides nichts.« Wer nicht akzeptieren kann, dass ein allmächtiger Gott sein Leben beeinflusst, der kann bei dem Bild von »Gott dem König« nur die Stirn runzeln – auch wenn er den Rhythmus darunter aus dem Radio kennt. Es geht nicht darum, ob ein Gottesdienst »traditionell« oder »modern« gefeiert wird. Es geht darum, dass Glaube neben vielem anderen auch aus Ritualen und Symbolen besteht. Deswegen kann eine religiöse Feier etwas niederschwelliger gestaltet werden, niemals aber vollständig barrierefrei. Der Glaube braucht diese Dimension, und jemandem, der nicht daran gewöhnt ist, wird sie sich nicht bei wenigen Gelegenheitsbesuchen erschließen.

So begeben sich die Partnerin oder der Partner in ein Umfeld, das ihnen wenig Sicherheit gibt. Das hat Anerkennung verdient, und zwar nicht nur von uns, sondern auch von unserer Gemeinde. Oft sind es wir Gläubigen, die Respekt fordern. Aber in diesem Fall sind wir im Gottesdienst zuhause, und die Nichtgläubigen verlassen die Komfortzone. Wer solche Unsicherheit auf sich nimmt, muss schon ziemlich verliebt sein.

Ihre Sorge, im Gottesdienst aufzufallen, ist jedenfalls nicht unbegründet: Wenn man als Aktiver von vorne in eine Gottesdienstgemeinde blickt, sieht man manchen Menschen förmlich an, wenn sie sich nicht wohlfühlen. Oft vergeht das im Laufe der Feier, aber nicht immer. Manchmal kann man beobachten, dass Menschen sich genau anders verhalten, als man es eigentlich erwarten würde. Sie kommen nicht zur Ruhe, sondern zappeln oder stehen auf und laufen herum. Anstatt den Gottesdienst zu verfolgen, fummeln sie am Handy oder am Bonbonpapier. Das Phänomen ist weit verbreitet. Mein eigener Bruder etwa konnte nicht in einer Kirchenbank sitzen, ohne albern zu werden. Das scheinbar unangebrachte Verhalten dient dazu, das unangenehme Gefühl zu kompensieren.[47]

Das ist verständlich und kann jedem und überall passieren. Und trotzdem kann es uns und andere stören, vor allem dann, wenn man eine vergleichsweise strenge Atmosphäre im Gottesdienst hat. Dann gibt es nur noch Verlierer: Wenn man als Gläubiger nichts dazu sagt, bleibt die Störung; wenn man etwas sagt, kann es zu Verstimmungen kommen. Vielleicht sollten wir Christen uns öfter fragen, wie wir im Gottesdienst eine Atmosphäre der Sicherheit geben können, anstatt die Störung kurzfristig zu beseitigen. Ständige Verhaltenshinweise sind sicher nicht der richtige Weg. Stattdessen sollte es einfach normal sein, dass manche Menschen aufstehen zum Beten und andere sitzen bleiben. Die Botschaft sollte sein: »Tu, was dir guttut«, und nicht: »Wir erheben uns«. Da hilft also nicht Erziehung, sondern eine andere Art Kultur im Gottesdienst.

## Kenne ich Dich?

Bei allem guten Willen der Gemeinde: Jede noch so fürsorgliche Art der Gottesdienstgestaltung wird die Verunsicherung bei Ungeübten nicht völlig beseitigen können. Denn sie hat einen weiteren Grund, der nichts mit dem Setting an sich zu tun hat, sondern mit unserem Verhalten, also mit dem Verhalten des gläubigen Partners. Unsere Lieben erleben uns in einer Situation, die ihnen fremd ist, aber uns nicht. Stell Dir vor: Du siehst Deine Partnerin oder Deinen Partner, die Du besser kennst als jeden anderen Menschen, in einer Art und Weise wie sonst nie. Plötzlich ist nicht nur der Gottesdienst ungewöhnlich, sondern auch der Mensch, den Du liebst. Ähnliches kann vielleicht noch an ihrem Arbeitsplatz passieren. Hast Du Dich schon mal gefragt, wie Dein Partner oder Deine Partnerin als Vorgesetzte oder Kollegen sind? Ein Besuch im Büro kann da neue überraschende Einsichten bringen. Trotzdem geht es hier im Gottesdienst noch einen Schritt weiter.

Meine Frau – die mich selten begleitet, sich dann aber sehr darum bemüht, die ungewohnte Situation auszuhalten und niemanden zu stören – hat zu mir mal einen Satz gesagt, der mich sehr erschrocken hat: »Wenn Du betest, bist Du mir fremd!« Wir kennen uns 30 Jahre und gehen durch dick und dünn. Und dann so ein Satz! Aber wie fast immer muss ich zugeben: Sie hat Recht. Sie sieht mich sonst nicht in dieser Körperhaltung, weil ich zuhause meist allein bete oder abends im Bett. Sie hört mich sonst niemals solche Worte sprechen. Aber vor allem ahnt sie, dass ich in dem Augenblick gewissermaßen einen Raum betrete, in den sie mich nicht begleiten kann. Es sind nicht nur die fremden Worte des Gebets. Es ist das, was innerlich geschieht. Denn es kann ja passieren, dass ich gerade etwas erlebe, das über diese Welt hinausgeht. Ein kurzer Blick in die Ewigkeit, für den Bruchteil einer

Sekunde ahne ich, dass alles zusammengehört und vor allem: dass Gott alles zusammenhält. Ich kann das nicht planen, nicht einmal selbst machen. Dieser Augenblick wird mir geschenkt.

Wenn Du nicht an Gott glaubst, kannst Du Deinen Wohlfühlbereich verlassen und die Schwelle der Kirchentür übertreten, die Schwelle zur Begegnung mit Gott kannst Du nicht selbst überwinden. Vielleicht nimmst Du sie nicht mal wahr. Mit der Bibel gesprochen: Manche sehen einen brennenden Dornbusch, andere erkennen Gott darin. Und so kann es passieren, dass zwei Menschen, die ein ganzes Leben teilen, nebeneinandersitzen und doch in verschiedenen Welten sind. Der eine erlebt überraschend einen der wenigen und deshalb wertvollen Momente der Nähe Gottes. Er begegnet seinem Schöpfer, seinem Erlöser. Für den Augenblick hat er die totale Gewissheit, dass es Gott wirklich gibt und dass er wirklich Liebe ist. Oder er spürt, wie ihn der Heilige Geist berührt und eine jahrelange Last von seinen Schultern nimmt. Vielleicht ist es ein Moment, den er sein ganzes Leben niemals mehr vergessen wird – und der Mensch neben ihm faltet ein Bonbonpapier, während er verstohlen auf die Uhr blickt. Fremder kann man einander nicht sein. Auch wenn man sich wirklich liebt und sonst alles miteinander teilt. Wir sind an dem Punkt, an dem wir uns trennen. Ohne es zu wollen, ohne etwas dafür zu können. Es passiert einfach so. Wie gehen wir als Paar damit um?

## Die Zeit spielt für Euch

Der gemeinsame Gottesdienstbesuch ist nur eine von vielen denkbaren Situationen. Ein intensives religiöses Erlebnis, die Begegnung mit Gott oder einfach nur die Erfahrung tiefen Friedens kann man schließlich überall haben. Es kann ein Waldspaziergang sein oder eine Chorprobe, ein stilles Gebet oder eine Autofahrt. Es kann gemeinsam mit der Partnerin sein, es kann auch ein Erlebnis sein, dass wir mit nach Hause bringen. Immer gilt: Wenn einer ein religiöses Erlebnis hat, der andere nicht, dann kann die Fallhöhe beachtlich sein. Eben noch ein hochemotionaler Moment, der nicht von dieser Welt ist – jetzt mit voller Wucht ins Diesseits. Dabei müsste man das eigentlich erst einmal in Ruhe verarbeiten, vielleicht einfach mal mit jemandem teilen. Aber ist der nichtreligiöse Partner dafür überhaupt geeignet?

Mein Beruf ist es, Orte zu schaffen, an denen Menschen die Möglichkeit haben, Gott zu erleben, vielleicht erleben können. Es sind Festivals, Musicals, Gottesdienste oder Bildungsveranstaltungen. Alles mit viel Musik und oft mit großen Gefühlen. Den Gospelkirchentag etwa, das größte Festival dieser Art in Europa, erlebe ich alle zwei Jahre als dreitägigen emotionalen Ausnahmezustand. Es ist nicht nur so, dass ich mindestens drei Jahre lang hart für diese Tage gearbeitet habe und dann gemeinsam mit dem Team erlebe, wie vieles von dem gelingt, was wir uns ausgedacht haben. Solche Gefühle kann man in jeder Form der Projektarbeit haben. Es ist vielmehr so, dass sich bisher auch immer intensive Glaubensmomente ereignet haben. Ein Song, ein Gespräch, ein Gedanke – was auch immer. Und dann die Musik und der Gesang! Zur Gospelmusik gehört auch, aus sich herauszugehen. Wenn man das im Meer der 5.000 Stimmen erlebt – unglaublich!

Eigentlich kann man das nicht mit Worten beschreiben, man muss es erleben. Wenn man mit so einem Erlebnis im Gepäck dann nach Hause kommt und auf eine Partnerin trifft, die wegen dieses Events ein Wochenende allein mit zwei kränkelnden Kleinkindern stemmen musste, dann kann das zu nicht unerheblichen Gefühlsausbrüchen führen. Vor allem dann, wenn der Ehemann vor der Abreise pflichtvergessen darauf verzichtet hat, die Mülltonne an die Straße zu stellen und die Windeln deswegen nicht entsorgt werden können. Ich spreche da aus Erfahrung.

Aber es braucht keine 5.000 Menschen, um Gott zu erleben. Kommen wir noch einmal auf das Beispiel des gemeinsamen Gottesdienstbesuches zurück: Der eine hat Gott erlebt, in welcher Form auch immer. Der andere hat sich in Wahrheit gelangweilt oder im besten Fall der Predigt aufmerksam zugehört und sie analysiert – was ja schon mal echten Einsatz in Sachen Partnerschaft bedeutet. Und nun reden sie darüber, was sie erlebt haben. Intellektuell kann das gehen: »Gefallen hat mir an der Predigt der Anfang. Oder war Dir die Geschichte zu kitschig? … Ach nein? Da überraschst Du mich aber.« – Solche Dinge eben. Aber gelingt das mit Blick auf das Erlebnis, auf das Gefühl? »Schatz – Gott hat mir die Augen geöffnet! Ich weiß jetzt ganz sicher, dass es ihn gibt. Ich weiß es einfach.« Was kann man da als Nichtgläubiger anderes sagen als: »Aha.« Wenn es gut läuft, klingt es bedeutungsvoll. Mehr aber auch nicht.

Obwohl ich selbst so viel Erfahrung damit habe, dass emotionale Höhenflüge auf Familienalltag treffen, bin ich immer noch verletzlich. Wenn wir in Sachen Glaube gefühlsmäßig nicht zueinander finden, kann ich sehr dünnhäutig sein. Vielleicht habe ich mich an der Stelle nicht genug weiterentwickelt, vielleicht liegt es daran, dass das Thema so persönlich ist. Ich weiß es nicht. Ich habe aber gelernt, dass man in einer Beziehung sehr vieles miteinander teilen kann, wenn man den richtigen Zeitpunkt findet. Das hat zwei Vorteile: Wenn das Erlebnis schon etwas her ist, verringert sich die Fallhöhe; man hat etwas Abstand dazu, findet leichter die passenden Worte und ist selbst auch gefühlsmäßig stabiler. Das ist der eine Vorteil. Der andere ist: Gespräche über den Glauben führt man mit Nichtreligiösen besser nicht zwischen

Tür und Angel, sondern wenn es der passende Augenblick für tiefere und persönlichere Gespräche ist. Deswegen richte ich es mir in meinem Beruf ein, dass ich nach Großveranstaltungen, wann immer möglich, erst einen Tag später nach Hause fahre. Das ist der Sicherheitsabstand zwischen emotionalem Höhenflug und holperiger Landung im Alltag.

Manchmal wird der passende Zeitpunkt trotz aller Wartezeit nicht kommen. Es wird Spannungen geben, die sich auch bei allem guten Willen, Respekt und Offenheit nicht auflösen lassen. Das muss nicht gleich ein Zeichen für eine Beziehungskrise sein, wenn man als Paar nicht immer zueinander findet. Noch einmal zur Erinnerung: Als Gläubige haben wir eine Dimension im Leben, die unserem Partner oder Partnerin nicht in der gleichen Weise zur Verfügung steht. Sie kommen emotional »nicht hinterher«, so sehr sie sich auch bemühen. Dass man in diesem Punkt – anders als in vielen anderen Lebensbereichen – nicht zueinander findet, kann man dann nur noch gemeinsam aushalten. Oder ist es an der Zeit, einen anderen Partner oder eine andere Partnerin zu suchen?

# 15.
# Ein anderer Partner, eine andere Partnerin muss her

Eines der wichtigsten Bücher in meinem Regal habe ich niemals gelesen. Es heißt »Unendlich geborgen. Psalm-Meditationen für das ganze Leben« von Johannes Hansen. Ich nehme es immer wieder in die Hand, bin aber bisher kein einziges Mal über die Widmung hinausgekommen. Das liegt auch an den Umständen, unter denen ich es bekam.

Ein Familienmitglied war viel zu früh und unerwartet gestorben. Ich war lange Zeit sehr traurig. Vielleicht hast Du das schon erlebt: Man isst und trinkt, aber es schmeckt nicht. Man arbeitet, aber weiß nicht was. Man lebt, aber weiß nicht wie. Nach einigen Wochen bat mich jemand, eine Predigt zu übernehmen. Das gehörte damals nur selten zu meinen Aufgaben, aber es war mir sehr wichtig. Nichts an meinem Beruf macht mir mehr Spaß. Eigentlich. Aber ich hatte keine Idee, keinen Antrieb und konnte einfach nicht. Und ich wusste nicht einmal, warum es mir so schwerfiel.

Dann traf ich auf dem Büroflur Rüdiger. Er arbeitet ehrenamtlich in der Creativen Kirche. Ein Christ, der Worte für seine Hoffnung findet, und für den alles im Leben mit Gott zu tun hat. Er wusste von unserem Trauerfall. Er sagte: »Gut, dass wir uns sehen, ich habe da was für Dich!«, gab mir dieses Buch und verabschiedete sich. Ich schloss die Tür hinter mir, packte es aus und schlug den Einband auf. Die Widmung lautet: »Ich habe für Dich gebetet, dass Dein Glaube niemals aufhöre. Lukas 22,32. Rüdiger.«

Es gibt viele Bibelworte, die mich tief berühren. Aber keins hat mich so getroffen wie dieses. Natürlich kannte ich es. Natürlich wusste ich, dass Jesus diese Worte zu Petrus sagt, bevor dieser ihn verleugnet. Aber zum ersten Mal hatte ich das Gefühl, dass die Worte zu mir gesprochen wurden. Lange saß ich allein in meinem Büro. Dann wurde mir klar, dass nicht meine Trauer das eigentliche Problem war, so schwer sie auch war. Es war etwas anderes: Gott war weg. Ich hatte ihn über meiner Traurigkeit verloren. Wenn ich sie je überwinden wollte, musste ich mich auf den Weg zurück zu Gott machen.

Rüdiger hat mich an diesem Tag gerettet. Es war nicht »die Kirche«. Es war keine Pfarrerin und kein Pfarrer. Es war kein Zitat des Kirchenvaters Augustin, es war keine Therapeutin. Auch kein langjähriger Freund. Es war Rüdiger mit einem Bibelvers. Er ist das, was man einen »Glaubensbruder« nennt. Oder einfacher: Er ist einer von den Menschen, mit denen man zusammen glauben kann. So jemanden brauchen wir. Jede und jeder. Eine Zeit lang können wir allein glauben. Auf Dauer geht es nicht. Ich bin froh, dass ich im Laufe der Zeit Menschen wie Rüdiger gefunden habe. Ich nenne ihn stellvertretend für einige andere. Er hat zusätzlich noch eine weitere Eigenschaft, die ich sehr schätze: Er verschenkt Bücher. Das freut mich auch als Autor. Selbst wenn sie nicht immer gelesen werden.

## »Du musst mal raus. Allein.«

Ich glaube, wir brauchen Menschen, mit denen wir gemeinsam glauben können. Geraten wird uns oft etwas anderes, nämlich dann und wann die Einsamkeit zu suchen. Tatsächlich müssen wir uns manchmal aus der Kontakt- und Informationsflut befreien, um das Leben zu überdenken und nach Gottes Weg zu fragen. In der Bibel, die man auch einfach als Ratgeber dafür lesen kann, was gut für den Glauben ist und was nicht, ist das bewusste Alleinsein gängige Praxis. Teils ist es mit dem Fasten verbunden, oft ist es der Rahmen für die Begegnung mit Gott. Jesus zieht sich regelmäßig allein zum Beten zurück. Moses ist ohne Begleitung unterwegs, als Gott zu ihm aus dem brennenden Dornbusch spricht und auch, als er die Zehn Gebote empfängt. Der Prophet Elia wird auf der Flucht vor Königin Isebel von Gott allein zum Berg Horeb geführt, wo er ihm in einem Windhauch begegnet anstatt in einem tosenden Feuer und einem brausenden Sturm. Er trifft Gott also in der Stille, nicht im Lärm.[48]

Das Alleinsein ist keine Garantie dafür, Gott zu begegnen. Aber es kann eine Vorbereitung dafür sein. Das passt zu unserer Haltung, dass der Glaube eine Privatsache ist und daher niemanden angeht. Wir müssen aber aufpassen, dass er nicht zu einer Geheimsache wird. Denn dann sind wir nicht ab und an bewusst allein, sondern dauerhaft einsam.

Wenn wir versuchen, allein zu glauben, sind wir in einer anderen Form von Einsamkeit. Wir ziehen uns nicht zurück, sondern wir sind mitten unter Menschen, die den Glauben nicht teilen, einsam und verlassen. Das fällt selbst jemandem wie dem Apostel Petrus schwer: »Herr! Ich bin bereit, mit dir ins Gefängnis zu gehen – ja, sogar mit dir zu sterben!« (Lk 22,33) hat er eben noch Jesus vor Zeugen versprochen, und das ohne jede Not. Jesus hatte ihn gar nicht dazu aufgefordert, sich zu erklären. Er hatte nur angekündigt, dass Petrus ihn schon bald verleugnen würde. Für Petrus klang das absurd. Aber da war er noch bei den anderen, die mit ihm zusammen auf Jesus vertrauen. Nun steht er allein inmitten von Fremden, die Jesus nicht für den Sohn Gottes halten, sondern für einen gefährlichen Hochstapler, der die guten Sitten durcheinanderbringt. Über mehrere Stunden hinweg hat er ganze drei Mal Gelegenheit, allen Mut zusammenzunehmen und seine vollmundige Ankündigung umzusetzen. Er schafft es nicht. Während Jesus noch in Sichtweite verhört wird, sprechen sie ihn drei Mal am wärmenden Feuer an: »Du bist doch auch einer von denen, oder?« »Nein, wie kommst du denn auf den Unsinn?« Es muss immerhin so überzeugend geklungen haben, dass sie ihn schließlich in Ruhe lassen. Wir können fast sicher sein: Wären die anderen Jünger bei ihm gewesen, wäre das Gespräch anders verlaufen.

## Allein geht es nicht

Den Glauben allein mit sich und Gott auszumachen ist ein Gedanke, der der Bibel fremd ist. Auch wenn sie regelmäßig allein sein wollen, sind Jesus, Moses und die Propheten ansonsten ständig von Schülern, Freunden oder anderen Menschen umgeben, die ihren Glauben teilen. Der Apostel Paulus ist auf seinen langen Reisen durch den Raum des östlichen Mittelmeeres nicht allein unterwegs. Die Namen seiner Begleiter finden sich z.B. in seinen Briefen an die Gemeinden in Korinth, Phillipi und Rom. Sie heißen Timotheus, Titus, auch mit einer Phoebe fühlt er sich verbunden. Tatsächlich waren Petrus und andere Apostel gemeinsam mit ihren gläubigen Ehefrauen unterwegs (1 Kor 9,5). In der Antike ist es kaum vorstellbar, allein zu reisen. Und es ist auch nicht denkbar, allein zu glauben. Oder wie es jemand einmal sehr treffend zu mir sagte: Man kann zweierlei nicht allein: Man kann nicht alleine verheiratet sein und man kann nicht alleine Christ sein.

Vielleicht ist es gerade deshalb so angelegt, dass man die maßgeblichen Schritte im Glauben nicht allein machen kann? Es geht schon damit los, dass man sich nicht selbst taufen kann. Man kann sich nicht selbst das Abendmahl nehmen. Außer, wenn man katholischer Priester ist – in der evangelischen Kirche wäre das undenkbar. Man kann sich nicht selbst den Segen Gottes zusprechen.[49] Man kann sich nicht selbst zusprechen, dass Schuld vergeben wird. Dazu braucht es nicht nur meinen eigenen Glauben, es braucht auch immer einen Menschen, der ebenfalls glaubt. Deswegen lautet die Verheißung Jesu auch »Wo zwei oder drei in meinem Namen versammelt sind, bin ich mitten unter ihnen« (Mt 18,20).

Wir verstehen darunter meist die organisierte Form von christlicher Gemeinschaft, die eine Kirchengemeinde bietet. Ich glaube, dass man als Christin und Christ aktiver Teil einer Gemeinde sein sollte. Aber es stellt sich darüber hinaus die Frage, welche informellen, inoffiziellen Kontakte Du hast, die Dich auf Deinem Weg als gläubiger Mensch begleiten. Es geht nicht darum, was »die Gemeinde« für Dich tut oder anbietet. Es geht darum, welche Begleiterinnen und Begleiter Du in der Gemeinde Jesu im weitesten Sinn, also in der Gemeinschaft aller Gläubigen, hast. Was diese Art Weggemeinschaft bedeutet, erleben die Jüngerinnen und Jünger, die Jesus jeweils zu zweit vor sich herschickt (Lk 10,1-24). Ihre Aufgabe besteht darin, Kranke zu heilen und den Beginn des Reiches Gottes zu verkünden. Bei denen, die es wollen, sollen sie einkehren; alle anderen sollen sie beiseitelassen. Denn sie werden sicher nicht überall freundlich aufgenommen werden.

Aber wie soll man es aushalten, wenn einem die Tür vor der Nase zugeschlagen wird? Sicher nicht allein.

Genau darum geht es: Wie kann man die Ablehnung aushalten? Wie kann man Krisen und Trauer überstehen und das Schweigen Gottes ertragen? Diese Dimension christlicher Gemeinschaft wird in Zukunft wichtiger werden, weil die organisierte Gemeinde, die Institution, schwächer wird. Wenn die Gemeinden weiter schrumpfen, werden sie auch kein Ort sein, wo wir an allen Sonntagen eine starke, lebendige Gemeinschaft finden. Wir werden uns gegenseitig beistehen müssen, wie die Jüngerinnen und Jünger damals. Wenn der eine frustriert ist, baut ihn der andere auf. Wenn die eine keine Kraft mehr hat, teilt die andere mit ihr, was sie noch an Glauben hat. Wenn der eine den falschen Weg einschlägt, holt der andere ihn zurück. Das ist unsere Zukunft.

## Wir können uns nicht zusammen freuen

Es gibt aber noch eine weitere wichtige Funktion, für die wir unbedingt andere Gläubige brauchen. Die Geschichte von der Aussendung der Jüngerinnen und Jünger berichtet eigentlich nicht von der Reise, sondern von der Rückkehr. Begeistert berichten die Teams davon, dass sie plötzlich Dämonen austreiben und Kranke heilen konnten! Nicht die Erlebnisse auf der Reise stehen im Mittelpunkt der Schilderung, sondern wie sie sie feiern. Es geht darum, wie sie gemeinsam erleben, dass Gott in ihrem und dem Leben der anderen wirkt. So wie es nur Menschen tun können, die den Glauben teilen. Ohne, dass man sich erklären muss, ohne dass man jedes Wort abwägen muss. Ohne, dass eine Diskussion entsteht.

Manchmal fragen mich andere Christen nach dem Zusammenleben mit meiner Frau. Sie denken dann häufig, das Hauptproblem sei, dass wir nicht gemeinsam beten können. Das ist es nicht. Mein Hauptproblem ist, dass ich die Freude über Gott nicht teilen kann. Denn wenn meine Euphorie auf ihre distanzierte Nüchternheit trifft, besteht die Gefahr eines emotionalen Frontalaufpralls. Es ist gut und wichtig, sich mit dem nichtgläubigen Partner austauschen zu können. Aber alles zu seiner Zeit! Das Gespräch mit dem Partner ist Reflexion; es wird *über* den Glauben oder *über* Gott gesprochen. Wir brauchen aber Menschen, mit denen wir ohne Vorbehalte *von* Gott sprechen können. Die organisierte Form, Gottesdienst zu feiern, reicht nicht. Es braucht auch die spontane Feier Gottes in der Gemeinschaft von Gläubigen, die abends beim Bier, am Arbeitsplatz, am Telefon oder auf dem Supermarktparkplatz entstehen kann.

Diese Art der Weggemeinschaft braucht Vertrauen, sie braucht Offenheit und es erfordert manchmal auch Mut, sich zu öffnen. Das klingt sehr nach der Qualität einer Liebesbeziehung. Da liegt es schon nahe, dies von der Beziehung zu unserem Partner zu erwarten. Allerdings: Jesus schickt die Jünger zwar zu zweit los – verheiratet hat er sie nicht.

## Solche Begleiter findet man nicht

Wie um alles in Welt soll man so jemanden finden? Kann man nicht einfach zur Pfarrerin oder zum Pfarrer gehen? Natürlich kann man das. Aber zum einen stehen die nicht immer zur Verfügung, und je weniger es gibt, desto unwahrscheinlicher wird es. Zum anderen geht es nicht um die Begegnung mit einem Profi – es geht darum, jemanden zu finden, der ähnliches erlebt wie man selbst. Da können am ehesten noch christliche Hauskreise helfen, die in vielen Gemeinden angeboten werden. Aber auch das ist nicht jedermanns Sache.

Wo habe ich eigentlich meine Wegbegleiterinnen und Wegbegleiter gefunden? Bei mir sind Arbeitskolleginnen und Kollegen darunter, Freunde und auch Menschen, denen ich nur sehr selten begegne. Und auch ein Pfarrer. Dass er auch noch ein Arbeitskollege ist, erlebe ich als großes Privileg. Jedenfalls ist es ein Netzwerk, nicht eine einzelne Person. Solche Menschen kann man nicht einfach suchen, so wie man sich nicht einfach einen Freund oder eine Freundin suchen kann. Solche Art Begleiter findet man nicht. Man bietet sich selbst als Begleiter an, und dann wird man gefunden.

Deswegen ist es wichtig, über den eigenen Glauben sprechen zu können. Ich mache es so: Ich spreche immer mal wieder mit Menschen kurz über Gott, eine Bibelgeschichte oder über den Glauben, mit denen ich es vorher nicht gemacht habe. Nicht über die Kirche. Da findet man immer schnell Menschen, die eine Meinung dazu haben. Das gilt vor allem für uns kirchliche Mitarbeiterinnen und Mitarbeiter. Die Kirche ist oft das Thema, Gott oder der persönliche Glaube viel zu selten. Meine Frau hat mich mal gefragt, ob wir da wirklich die richtigen Prioritäten setzen. Da sieht man mal, wie wichtig der Blick von außen ist, denn natürlich hat sie recht. Wenn wir ständig über die Kirche sprechen, verlieren wir aus dem Blick, was wir eigentlich teilen müssen. In unserem Leben geht es nicht um die Kirche. Es geht um uns und um Gott. Darüber sollten wir versuchen, zu sprechen.

Wenn Menschen also darauf eingehen, wenn ich sie auf den Glauben anspreche, dann kann ich es bei Gelegenheit auch wieder tun. Wenn sie nichts dazu sagen, in Schockstarre verfallen oder andere Zeichen von Überforderung zeigen, lasse ich das Thema fallen. Und zwar dauerhaft. Ich bin nicht als Missionar unterwegs, sondern suche nach Wegbegleitern. Deswegen arbeite ich daran, die Ablehnung der anderen nicht mehr so persönlich zu nehmen. Da muss man sich schon einen gewissen Schutz zulegen. Was man dagegen meiner Meinung nach vergessen kann: In solchen Gesprächen muss man weder besonders originell sein, noch muss man sich besonders gut auskennen. Sogar mit einem ausgesprochenen Zweifel kann man das Eis schneller brechen, als es scheint. Ähnlich wie ich wirst Du feststellen: Es gibt immer noch mehr Menschen, die im weitesten Sinne an Gott glauben, als man vermutet. Es gibt immer noch mehr Ungeübte, die einfach nicht wissen, wie man über »so etwas« spricht. Und was man überwinden muss, ist nicht der Unwillen der anderen, sondern das eigene Unbehagen.

## Es braucht die richtigen Anlässe

Am leichtesten fällt es uns, Menschen auf den Glauben auf diese Weise anzusprechen, wenn sie uns sympathisch sind oder wenn wir gemeinsame Interessen haben. Oder wenn wir gemeinsam etwas Großartiges erlebt haben. Deswegen würde ich mir wünschen, dass die Kirche in Zukunft mehr Gelegenheiten dazu schafft, etwa durch Events und Kampagnen. Die Tendenz scheint eher rückläufig zu sein. Menschen brauchen aber Anlässe, um ins Gespräch zu kommen. Sie brauchen das Gefühl, in der Gemeinschaft stark zu sein, und sie müssen Höhepunkte erleben. Die schrumpfenden Gemeinden werden dies weniger als bisher kontinuierlich leisten können. Die Gemeindeglieder aber brauchen Anlässe, um über den Glauben ins Gespräch zu kommen.

Wir erleben das sehr häufig bei unseren Musikprojekten in der Creativen Kirche. In unseren Musicals treten hunderte, manchmal tausende Sängerinnen und Sänger gemeinsam mit Musicalstars, Band und Orchester vor mehreren tausend Zuschauenden auf. Sie berichten davon, dass sie selbst intensiv mit den Themen der Stücke – Martin Luthers Mut angesichts der Todesgefahr, Martin Luther Kings Einsatz für Gleichberechtigung oder John Newtons Kampf gegen die Sklaverei – auseinandersetzen und in Familie und Freundeskreisen darüber sprechen. Plötzlich sprechen Menschen wie selbstverständlich in ihrem persönlichen Umfeld über Gott und wie der Glaube Menschen zu außerordentlichen Taten motiviert. Wie eine Studie zu diesen Projekten gezeigt hat, sind das keine Einzelfälle.[50]

Eine neue Möglichkeit bieten die vielen geistlichen Onlineangebote, die seit dem Beginn der Pandemie entstanden sind. Eine Woche nach dem Beginn des ersten Lockdowns sind wir mit dem »Wohnzimmergottesdienst« auf YouTube auf Sendung gegangen. In diesem Umfeld ist eine neue Gemeinschaft entstanden, in der diejenigen, die vor der Kamera stehen, zu Weggefährten werden. Via Video und Zoom sind sie ja regelmäßig im Wohnzimmer dieser Menschen zu Gast. Es gibt also auch eine indirekte, mediale Form, mit Menschen gemeinsam zu glauben. Man muss sich ihnen nur ausreichend verbunden fühlen. Diese gefühlte Nähe kennt man auch von anderen Personen wie Musikerinnen, Schauspielern oder Autorinnen. Das ist zunächst eine Art Einbahnstraße, weil man sich selbst nur bedingt in Social Media-Kommentaren dazu äußern kann. Aber es ist ein Anfang.

Da diese Formen der Gemeinschaft nun eingeübt sind, werden sie bleiben und wichtiger werden und einen ähnlichen Stellenwert einnehmen wie andere Medien. So haben wir es an dem Tag erlebt, an dem der Ukrainekrieg ausbrach. An dem Tagen haben wir spontan ein Friedensgebet per Zoom abgehalten. Die Resonanz hat uns überrascht: Über 300 Menschen nahmen daran teil. Viele haben sich an diesem Tag sehr verbunden gefühlt. Es können also noch Formen von christlicher Gemeinschaft entstehen, die wir uns im Moment noch nicht vorstellen können. Noch vor 20 Jahren war es undenkbar, immer und überall Internet zur Verfügung zu haben. Heute ist es nicht mehr denkbar, keines zu haben. Wir werden also sehen, was sich dort noch entwickelt.

Welche Form von Gemeinschaft man auch findet – sie hilft dabei, die innere Freiheit dafür zu finden, dass man die Freude über Gott nicht in der gleichen Art mit Nichtgläubigen teilen kann, auch wenn man sie sehr gern hat und sonst das ganze Leben mit ihnen teilt. Das kann die Beziehung entlasten, weil man nicht um etwas ringen muss, das man doch nicht erreichen kann. Und es hilft dabei, den Glauben an Gott nicht zu verlieren.

# 16.
# Bis in alle Ewigkeit

Es gibt Tage, da denkt man an das, was unausweichlich ist. Mir kommen diese Gedanken meist nicht im trüben November oder in der blauen Stunde in der Dämmerung oder am Ende des Sommers, wenn es morgens schon kühl ist und die Tage gefühlt zu kurz sind. Das sind wohl klassische Momente dafür. Ich denke eher daran, wenn ich mich nach einem schönen Tag von den anderen verabschiedet habe. Wenn alle meine Lieben bei mir waren und wir viel gelacht haben. Wenn ich glücklich gewesen bin. Dann kommt der Blues. Es schleicht sich ein Gedanke ein, den ich gar nicht gebrauchen kann. Er drängelt sich hartnäckig aus dem Unterbewusstsein nach oben und dann ist er da: Das hier ist nicht von Dauer. Jedes Lachen wird eine Erinnerung werden, die immer blasser wird. Und jeder Mensch, der mir an diesem Tag wichtig war und mit dem mich eine lange Geschichte verbindet, wird fort sein. Es spielt keine Rolle, wie sehr wir uns bemühen. Es geht nicht darum, wie bedeutend oder unbedeutend er oder sie für uns ist. Es ist auch einerlei, wie alt oder jung jemand ist. Der Abschied kommt irgendwann, und so oder so kommt er zu früh.

Das macht mir mehr Angst als mein eigener Tod. Den fürchte ich nicht. Ich weiß, wohin ich gehe und wer mich erwartet. Ich kann der Angst vor der Trennung die Hoffnung auf das Wiedersehen entgegensetzen. Ich muss nicht allein mit der Endlichkeit meines Lebens fertig werden, weil es einen neuen Anfang gibt. Mich beschäftigt vielmehr eine andere Frage: Wen werde ich wie auf der anderen Seite wiedersehen? Das ist die B-Seite meiner Hoffnung.

Wer je im Neuen Testament geblättert hat, wird feststellen, dass das ewige Leben dort mit einem Gedanken verbunden ist, der uns schwerfällt und der für viele nicht zum Gottesbild passt. »Geblättert« meine ich wörtlich, denn es ist eines der Dauerthemen. Fast durchgängig ist davon die Rede, dass das ewige Leben nicht ohne Bezug zum irdischen Leben ist. Und dass die Entscheidungen, die wir hier getroffen haben, dort noch gelten. Wie wir hier zu Christus stehen, wie wir mit unseren Mitmenschen umgehen und wie wir uns um Schwache und Arme kümmern, hat Folgen für die Ewigkeit. Und so kommt es, dass ich manchmal nachts wachliege und grüble. Wie ist das mit dem Tod und dem ewigen Leben – wenn man glaubt, und wenn man nicht glaubt? Was wird aus den nichtgläubigen Menschen, die ich liebe? Sie liegen vielleicht gerade in ihren Betten und schlafen seelenruhig. Vielleicht stellen sich ihnen diese Frage gar nicht. Wenn man ein ewiges Leben für undenkbar hält, fehlt einem der Trost des Glaubens – aber man sorgt sich auch nicht um den Weg ins ewige Leben. Aber ich stelle mir diese Frage.

Wenn es einen Vers gibt, den ich am liebsten aus Bibel streichen würde, dann diesen: »In dieser Nacht werden zwei Menschen in einem Bett liegen. Den einen wird der Menschensohn (also Jesus) zu sich holen und den anderen zurücklassen« (Lk 17,34). Gläubige dürfen auf ein Leben nach dem Tod hoffen und Nichtgläubige nicht? Was bedeutet das für unsere Partnerinnen und Partner, unsere Kinder, Eltern und Freunde, die nicht an Gott glauben? Kommen sie sogar an einen Ort ewiger Strafe?

Man kann es sich einfach machen und alle unbequemen Gedanken in der Bibel ignorieren. Das ist nicht mein Ding. Die Liebe zu einem Menschen und die Wahrheit Gottes muss doch irgendwie zusammenzubringen sein. Aber leicht ist es nicht. Denn man muss über Abschied nachdenken, über »Gut« und »Böse«, Gerechtigkeit und über das Jüngste Gericht.

Ich bin dem Thema lange ausgewichen. Es ist herausfordernd, weil es gleichzeitig am Selbstbild und am Gottesbild rüttelt und weil im Hintergrund doch immer die eigene Endlichkeit mitschwingt. Aber es lohnt sich, sich das anzuschauen. Das mag wehtun. Aber die Schmerzen kommen vom Wachstum.

## Worüber niemand zu sprechen wagt

Wenn es so etwas wie den Giftschrank des Glaubens gibt, dann gehört dieses Thema definitiv dort hinein. Das Jüngste Gericht ist jahrhundertelang dazu benutzt worden, um Menschen klein zu halten. Untertanen sollten gefügig und Kinder gehorsam bleiben. Man hat damit bürgerlichen Werten und Moralvorstellungen Nachdruck verleihen wollen und ganze Generationen in Angst und Schrecken versetzt, und zwar noch bis in unsere Tage. Deswegen lehnen viele diesen Gedanken ab. Aber nicht nur das. Die Vorstellung, dass es jemanden geben soll, der sich ein Urteil über ein ganzes Leben anmaßt, wird immer unvorstellbarer, je autonomer der Mensch wird.

Die großen Kirchen haben sich dazu entschlossen, das Thema weiträumig zu umgehen, zumindest was den Alltag angeht. Sie beschränken sich auf theologische Grundsatzpapiere. Das ist verständlich, weil es nicht populär ist. Aber das ist nicht nur eine

Angleichung an den Zeitgeist, es hat auch einen sachlichen Grund. Schon seit Luther steht im Mittelpunkt evangelischer Theologie, dass der Mensch nicht durch seine Taten vor Gott im Gericht als gerecht angesehen wird, sondern allein durch die Gnade Gottes. Luther hat ihn nicht erfunden, sondern bei Paulus gefunden und dann ins Zentrum gerückt: »So halten wir nun dafür«, schreibt der Apostel, »dass der Mensch gerecht wird ohne des Gesetzes Werke, allein durch den Glauben.« (Röm 3,28; LUT). Und die gilt allen Menschen. Und trotzdem erwartet uns ein Endgericht. Wie kann man das zusammenbekommen?

Schwierige Wege machen gedankliche Abkürzungen populär. Es wäre viel einfacher, wenn am Ende einfach alle Menschen in den Himmel kommen würden, ohne das Gericht. Das würde sich geschmeidig in das Gottesbild vieler Christinnen und Christen einfügen. Und es würde einen gedanklichen Knoten lösen, den ich zu Beginn dieses Buches selbst geknüpft habe. Denn als ich im zweiten Kapitel geschildert habe, wie ich selbst zum Glauben gekommen bin, habe ich gesagt: Der Glaube ist zuerst ein Gefühl von Vertrauen, dann erst eine Entscheidung. Wir können dieses Gefühl nicht machen, wir sind darauf angewiesen, dass Gott es entstehen lässt. Wie können wir dann dafür zur Rechenschaft gezogen werden? Es müsste doch eigentlich jeder Mensch erlöst werden unabhängig davon, was er selbst getan oder nicht getan hat. In der vielstimmigen Überlieferung der Bibel gibt es diesen Gedanken schon[51], allerdings ist es eine Minderheitenposition. Nun ist Wahrheit keine Frage von Mehrheiten; trotzdem hat sich in der Theologie die Position durchgesetzt, dass diese sog. »Allversöhnung« etwas ist, auf das man zwar hoffen kann; mit gutem Gewissen lehren kann man es nicht. Das ist auch meine Meinung dazu. Denn wir werden nicht auferstehen als völlig neue Menschen. Wir tragen weiter die Geschichte unseres Lebens in uns. Und da gibt es dunkle Flecken. Zumindest bei mir. Ich habe Dinge in meinem Leben getan und erlebt, die ich nicht mitnehmen kann und will in die Ewigkeit. Und dann ist es auch eine Frage der Gerechtigkeit.

## Ist das nicht krass?

Eine normale tägliche Autofahrt. Ich sitze am Steuer, hinten die Kinder. Wir sprechen über das Abendessen. Plötzlich sagt mein Sohn: »Ist es nicht krass, dass Gott auch so Typen wie Trump und Putin liebt, die so viel Schlimmes machen?« Er ist zu dem Zeitpunkt neun Jahre alt. Er sieht regelmäßig Kindernachrichten, und er hat eine Meinung zu dem, was er da mitbekommt.

Kinder haben eine feine Antenne für Ungerechtigkeit. Und das betrifft nicht nur die Füllhöhe von Limonadengläsern. Sie sehen und erleben jeden Tag, dass manche Menschen ihre Macht und ihre Fähigkeiten nutzen, um anderen zu schaden. Vielleicht aus hohen Idealen heraus, das mag schon sein. Aber Menschen richten Schaden an. Und das soll Gott egal sein? Ob ein Mensch Gutes tut oder Schlechtes? Ob ein Mensch nach Gott gesucht hat, oder ob er ihm ein Leben lang gleichgültig gewesen ist? Das ist doch ungerecht!

Es geht nicht um ein peinlich genaues Aufrechnen von gelungenen und weniger gelungenen Handlungen und Gedanken. Das Aufwiegen von Gutem und Schlechten kennt die Bibel meines Wissens nicht, auch wenn in der Kunst das Gericht Gottes immer wieder mit einer Waage dargestellt wird.[52] Es geht auch nicht um Moral. Es geht nicht um Rache. Aber kann es wirklich sein, dass Gott sich nicht darum schert, ob ein Mensch seinen Willen getan hat oder nicht? »Gerechtigkeit« ist eines der größten Themen der Bibel. Eine Ausgabe als »Armuts- und Gerechtigkeitsbibel« zählt weit über 2.000 Textstellen, die davon handeln. Schließlich wissen wir doch, dass alles, was wir tun, sagen und woran wir glauben – oder eben nicht – Folgen für uns und andere hat. Und genau das soll der Maßstab sein, nach dem wir gemessen werden: Das, was wir *tun* (vgl. Mt 7,21-23), was wir *sagen* (vgl. Mt 12,36), was wir *glauben* (vgl. Joh 3,18). Danach werden wir bewertet. So stellt man sich das beim Jüngsten Gericht vor. Es ist das letzte Urteil Gottes über alle Menschen am Ende der Zeit. Es ist Ort und Zeitpunkt der großen Trennung.[53] Die Guten gehen zum Leben, die anderen nicht. Was aus ihnen wird, darüber ist die Überlieferung unterschiedlicher Meinung. Bekannt ist die ewige Strafe. Der Text, der mich beunruhigt (»In dieser Nacht werden zwei Menschen in einem Bett liegen. Den einen wird der Menschensohn zu sich holen und den anderen zurücklassen.« Lk 17,34) legt eher den Gedanken nahe, dass sie nicht auferweckt werden und tot bleiben. In jedem Fall haben sie schlechtere Aussichten als die Geretteten. Aber auf welcher Seite bin ich dann? Und auf welcher Seite meine Lieben?

## Bist Du eine »Gute« oder ein »Böser«?

Kinder unterscheiden im Rollenspiel schwarz und weiß. Meistens wollen sie bei den Guten sein. Es sei denn, bei den Bösen sind die ganz coolen Alphajungs und -mädchen. Dann ist es etwas anderes. Jedenfalls sind die Fronten klar. Bei Spielfiguren ist es auch so: Die Guten haben weiße Shirts und lächeln, die Bösen schwarze Shirts und dunkle Mienen. Auch als Erwachsene mögen wir Eindeutigkeit. So etwas wie ein Gericht finden wir so lange gerecht oder ungerecht, wie die Fronten klar sind und wir wissen, auf welcher Seite wir selbst stehen. Mein Sohn hatte über Trump und Putin wenig Gutes gehört, also sind die im bösen Team. Und deswegen wäre es ungerecht, sie im Himmel wiederzusehen. Wenn wir ehrlich sind, denken wir als Erwachsene genauso wie als Kinder.

Dabei müssten wir es besser wissen. Je mehr Verantwortung wir für uns und andere übernehmen, desto mehr Grautöne mischen sich in unser schwarz-weißes Weltbild. Denn mit der Verantwortung kommen die Entscheidungen, auch falsche. Wir sagen Dinge, die wir bereuen. Wir fällen ungerechte Urteile über Menschen, die sie manchmal ihr ganzes Leben lang als Verletzung mit sich herumtragen. Wir tun ihnen Dinge an, die wir selbst nicht erleiden wollen. Die Liste wird im Laufe des Lebens eher länger als kürzer. Es wird immer deutlicher: Anders als in unserer Kindheit sind wir nicht einfach automatisch im Team der Guten. Manche können damit gut leben, weil sie sich selbst fehlerlos, gut und wunderbar finden. Wer reflektierter ist, dem ist diese selige Selbstzufriedenheit fremd. Denn die Messlatte liegt sehr hoch, und mal schaffen wir es drüber, mal nicht. Jesus sagt über diejenigen, die im Gericht als gerecht und gut angesehen werden: »Denn ich bin hungrig gewesen und ihr habt mir zu essen gegeben. Ich bin durstig gewesen und ihr habt mir zu trinken gegeben. Ich bin ein Fremder gewesen und ihr habt mich aufgenommen. Ich bin nackt gewesen und ihr habt mich gekleidet. Ich bin krank gewesen und ihr habt mich besucht. Ich bin im Gefängnis gewesen und ihr seid zu mir gekommen« (Mt 25,35f; LUT). Da haben wir alle schon oft versagt. Andersherum ist die Messlatte eigentümlicherweise so niedrig, dass es jeder irgendwann schafft: »Und wer einem dieser Kleinen auch nur einen Becher kalten Wassers zu trinken gibt, weil es ein Jünger ist, wahrlich sage euch: Es wird nicht um seinen Lohn kommen« (Mt 10,42).

Es wird also niemanden geben, der noch nie etwas getan hat, was Gott von uns will. Es gibt aber auch niemanden, der das immer tut, wenn sich die Möglichkeit dazu bietet. Wo sollte ich mich dann auf der Skala allgemeiner christlicher Werte von -10 bis +10 einordnen? Und welche Position ist Deine? Wahrscheinlich würden wir ein gemeinsames Understatement bei +4 finden. Aber nur, weil wir Gott unterstellen, dass er bei 0 zwischen Gut und Böse trennt. Aber das wissen wir nicht. Das führt uns nicht weiter. Wenn ich lese »in jener Nacht wird der eine angenommen, der andere nicht.« – wer sagt denn, dass ich derjenige bin, der genommen wird, und meine Frau nicht. Es kann auch andersherum sein. Vielleicht hat sie dem Willen Jesu mehr durch ihr Handeln entsprochen als ich durch meinen Glauben. Bei dem Gedanken dreht sich dem evangelischen Theologen der Magen um, weil wir doch immerzu lernen und lehren, dass wir allein durch den Glauben im Gericht als »gerechtfertigt« angesehen werden. Das stimmt auch uneingeschränkt. Aber was soll es für ein Glaube sein, der keine Wirkung hat auf das, was wir sagen und tun? Wer sich vor Gott etwas darauf einbildet, wird enttäuscht werden. »Selig sind, die da geistlich arm sind; denn ihrer ist das Himmelreich« (Mt 5,3; LUT).

## Willkommen zur Parade der verpassten Gelegenheiten

Niemand lässt sich gerne von anderen beurteilen. Auf Klassenarbeiten freuen sich nur diejenigen, die schon vorher wissen, dass sie ganz sicher zu den besten im Jahrgang gehören. Und selbst unter ihnen gibt es nicht wenige, die davor mit den Nerven am Ende sind. Entsprechend unangenehm wird das Gericht. Paulus schreibt: »Es wird sich noch zeigen, was das Werk eines jeden Einzelnen wert ist. Denn der Tag des Gerichts wird es aufdecken, wenn er mit Feuer hereinbricht. Das Feuer wird prüfen, wie das Werk eines jeden Einzelnen beschaffen ist. Hält das von ihm gebaute Werk dem Feuer stand, wird er belohnt. Verbrennt das Werk, muss er den Verlust tragen« (1 Kor 3,13-15).

Vor einer Prüfung stellen sich alle immer wieder die gleichen Fragen: Habe ich das richtige gelernt? Wer ist der Prüfer oder die Prüferin? Was ist ihm oder ihr wichtig? So ging es mir auch vor meiner schwierigsten Prüfung, die am Ende meines Theologiestudiums vor mir stand. Ich war ein Nervenbündel. Im Nachhinein hat sich gezeigt, dass meine Sorge berechtigt war: Ich hatte eine der Hausarbeiten komplett in den Sand gesetzt. Damit hatte ich zwar bestanden, aber es fehlten mir Punkte, ohne die ich nicht Pfarrer werden konnte. Das war doch alles, was ich wollte! Der Weg war definitiv verbaut. Prüfungen haben Konsequenzen.

Ich hatte zwar nicht mein Leben verloren, aber den Sinn meines Lebens. Und ich hatte kein Einkommen und keine Perspektive. Damit muss man erst einmal fertig werden. Der erste Schritt auf diesem langen Weg ist zu erkennen, dass niemand ein Urteil über einen Menschen fällt. Nicht über seinen Charakter, nicht über seinen Wert, nicht über seine Persönlichkeit. Geprüft wird, was man in einem bestimmten Zeitraum getan hat oder nicht getan hat. Der Maßstab Jesu im Gericht ist nicht die Prüfungsordnung einer Universität, sondern, wie schon gesagt, der des Glaubens, der Taten und der Worte. Aber es geht nicht um den Menschen selbst. Das weiß auch Paulus. Denn der Text geht noch weiter: »Das Feuer wird prüfen, wie das Werk eines jeden Einzelnen beschaffen ist. Hält das von ihm gebaute Werk dem Feuer stand, wird er belohnt. Verbrennt das Werk, muss er den Verlust tragen. Er wird gerettet werden wie jemand, der gerade noch dem Feuer entkommen ist.« (ebd.) Unsere scheinbar guten Taten, auf die wir Gläubigen uns etwas einbilden; unser Gottvertrauen und unsere christliche Hoffnung – all das kann vielleicht nichts wert sein vor Gott. Denn wir wissen nicht, wie weit wir es gebracht haben, ob wir ausreichend, befriedigend oder nur ungenügend geglaubt und gehandelt haben. Aber der Mensch selbst wird gerettet werden.

Ist das nicht so eine Art Allversöhnung durch die Hintertür? Am Ende wird doch alles gut. Wirklich? Wir leben nur ein Leben. Es gibt keine zweite Chance. Da stelle man sich vor, das Allermeiste, was wir selbst im Leben wichtig gefunden haben, würde sich als falsch erweisen. Die Werte, nach denen wir gelebt haben. Die Entscheidungen, die wir getroffen haben. Womit wir unsere Zeit verbracht haben, wofür wir unser Geld ausgegeben haben. Was wir an die nächste Generation weitergegeben haben. Wir sehen doch schon, wie schwer es uns fällt, mit dem Wertewandel in unserer Gesellschaft umzugehen. Und dann soll am Ende unseres Lebens jemand sagen: »O.k., das war alles ganz nett. Aber eigentlich hättest Du ein ganz anderes Leben führen können. Du wärst zufriedener gewesen, und viele andere hätten auch mehr von Dir gehabt. Du hast es versemmelt.« Die Wahrheit über ein Leben. Keine Masken, keine dunklen Ecken. Keine Ausreden. Kein Mist. Einfach die Wahrheit. Das tut unendlich weh. Das Jüngste Gericht ist eine Parade der verpassten Gelegenheit, an der wir alle vorbeimüssen. Bei manchen wird sie länger sein als bei anderen. Aber leicht wird das für niemanden. Unsere selbstgebastelten Werte und eingebildete Selbstlosigkeit – weg. Unsere Erfolge, unser Status, unser Stolz – weg. Diese Prüfung wird nicht viel übriglassen von unseren Taten, Worten und auch von unserem Glauben. Nach dem Gericht sind wir gerettet, aber wie jemand, der gerade noch so aus dem Feuer gekommen ist. Mit nichts in den Händen und nichts am Leib. Trotzdem: »Der Mensch aber wird gerettet werden« – wie kommt Paulus auf so etwas, wenn das Gericht doch die erschütternde Wahrheit über unser Leben schonungslos zeigt?

## Der Prüfer entscheidet

Ich glaube, dass wir ein Urteil über unser Leben deshalb fürchten, weil wir selbst so hart über Menschen urteilen. Nicht nur, dass wir sie in Schubladen stecken, aus denen sie sich kaum wieder befreien können. Wir fühlen uns auch oft moralisch überlegen. Wenn wir es nur öfter fertigbringen würden, uns auf den Stuhl der anderen zu setzen und ihre Sicht zu verstehen, die Welt würde anders aussehen. Damit will ich weder einen Staatsstreich von oben noch einen Angriffskrieg gutheißen, um bei den genannten Staatsmännern zu bleiben. Und schon gar nicht die alltäglichen Gräuel und Qualen, die Menschen erleiden müssen. Aber wir würden verstehen, dass niemand böse geboren wird; Gewalt und Hass haben Ursachen, so abwegig sie auch scheinen mögen.

Sich das anzuschauen und von daher das eigene Denken und Handeln kritisch zu hinterfragen, ist viel mühsamer, als in »Gut und Böse« einzuteilen. Ich sehe nicht, dass wir uns diese Mühe oft genug machen. Es ist noch schlimmer: In der Coronapandemie ist eine Art des Umgangs miteinander deutlich geworden, die sich schon länger entwickelt hat und wenig Gutes für die Zukunft verheißt. Scheinbar fühlen wir uns sicherer, wenn wir uns in einer verhärteten Wir-gegen-die-Haltung gemeinsam abgrenzen – selbst, wenn die Grenzen mitten durch Familien und Freundeskreise laufen. Aber wir brauchen nicht mehr Abgrenzung. Wir brauchen den Mut zum Perspektivwechsel. Zu verstehen, warum jemand so handelt, wie er handelt, ist das kleine Einmaleins der Konfliktberatung. Dadurch würden wir uns näherkommen, auch wenn wir anderer Meinung sind. Denn die Wahrheit ist: Wir handeln öfter aus Angst als aus Liebe. Wir brauchen deswegen kein Verständnis für das Böse zu haben, das Menschen tun. Aber für die Angst, aus der sie es tun.

Uns fällt der Perspektivwechsel schwer. Gott hat ihn schon hinter sich. Der allmächtige Gott wird ganz Mensch. Krasser geht es nicht. Deswegen kann Paulus trotz des Gerichtes sagen, »der Mensch aber wird gerettet«. Denn das Urteil über unser Leben spricht in Wahrheit der Einzige, der den Perspektivwechsel wirklich vollzogen hat. Jesus ist unser Freund, Bruder, Lehrer und Erlöser. Und er ist unser Richter. Derselbe Jesus. Wie wird jemand urteilen, der schon gezeigt hat, dass er unendliche Geduld mit den Schattenseiten des menschlichen Daseins hat? Sie haben ihn verraten und ausgelacht. Sie haben Pläne gegen ihn geschmiedet. Sie haben ihn verraten, gefoltert und getötet. Und was hat er dazu gesagt? »Vater, vergib ihnen, denn sie wissen nicht, was sie tun« (Lk 23,34; LUT).

Jesus hat erlebt, wie wir werden, wenn wir Macht haben. Er hat am eigenen Leib gespürt, was wir tun, wenn wir uns von der Angst regieren lassen, zu kurz zu kommen. Und er hat trotzdem weiter geliebt. Weil der Mensch mehr ist als die Summe seiner Taten und Worte. Deswegen muss Jesus nicht mögen, was wir alles gegen seinen Willen sagen oder tun. Er muss sich nicht damit abfinden, dass wir lieber auf uns vertrauen als auf ihn. Aber all das wird vergehen. Es verglimmt im Gericht. Für uns wird das schmerzhaft, die verpassten Chancen unseres Lebens zu sehen. Aber es wird heilsam sein. Vielleicht so etwas wie eine »schmerzhafte Wohltat«[54]. Und es ist nötig, denn für Angst ist kein Platz in der Ewigkeit. Deswegen vergehen auch die Werte und die Taten, die aus ihr entsteht. Und dann bleibt immer noch etwas übrig: Der Mensch. Und Jesus. That's it.

Im Allgemeinen sagt man: Was auch immer wir über die letzten Dinge unseres Lebens und die Ewigkeit sagen – es sind alles nur Theorien. Das Sterben im biologischen Sinne ist noch erforschbar, danach endet unser Wissen. Alles Weitere ist Spekulation oder frommes Wunschdenken. Das stimmt. Niemand hat ein Geheimwissen über das Gericht und die Ewigkeit. Einerseits. Andererseits fühlt sich für mich das, was ich hier geschrieben habe, nicht wie eine Theorie an. Es beruht auf dem, was ich bisher mit Gott erlebt habe – und auf der Überlieferung der Bibel. Ich habe allen Grund, Jesus zu vertrauen, der als einziger im Tod gewesen und wieder zurückgekommen ist.

Das ist wohl der einzige echte »Vorteil«, den wir als gläubige Mensch gegenüber denjenigen haben, die ohne Gott leben: Wir haben jetzt schon eine Ahnung von dem, was kommt. Der Realität des Todes stellen wir die Realität Gottes entgegen. Unsere Hoffnung fällt nicht vom Himmel. Sie hat viele Gründe in unserem Leben. Manchmal gerät das in Vergessenheit, manchmal wankt das Vertrauen in Gott. Aber das Urvertrauen bleibt. Ich wünsche jedem anderen Menschen diese Hoffnung. Besonders denjenigen, die ich liebe. Das ist mein Antrieb, von Gott zu reden. Aber ich muss niemanden retten. Das ist Aufgabe Jesu, und das ist es, was er tut. Darauf vertraue ich und finde immer in den ruhigen Schlaf, wenn mich der Blues erfasst hat. Schließlich bedeutet der Name »Jesus« auf Deutsch »Gott rettet«. Sein Name ist mein Programm für die Ewigkeit.

# Wer will schon in den Himmel?

Oft und viel habe ich über das Gericht und die Ewigkeit nachgedacht. Gesprochen habe ich darüber wenig, vor allem zuhause. Vielleicht liegt es an meiner Lebensphase, in der der Tod noch nicht präsent ist. Vielleicht liegt es aber auch daran, dass die Ewigkeit nicht sehr anziehend ist für jemanden, der nicht an Gott glaubt.

Während die Bibel über die Auferstehung der Toten und das Jüngste Gericht teils sehr konkrete Aussagen macht, bleibt sie in Bezug auf die Ewigkeit vage. Es muss buchstäblich unbeschreiblich sein. Und so ist sie in unseren Gedanken ein Ort, von dem jede und jeder erhoffen kann, was er mag. Eine Art Schlaraffenland, in dem wir pausenlos all die Dinge erleben können, die uns hier schon immer gefallen haben. »Was verstehst Du unter dem Leben im Himmel?« Auf diese Frage erscheinen vor dem geistigen Auge von Musikerinnen himmlischen Chöre, während Bergsteigerinnen auf neue aufregende Touren in ungeahnte Höhen hoffen. Und wer gerne isst … naja. Wenn wir nichts Konkretes wissen, ist eben viel Platz für Fantasie.

Unter einer »Ewigkeit« verstehen wir die maximale Ausdehnung von Zeit – vor allem an der Kaffeetheke, wenn eine ungeübte studentische Hilfskraft an der Highend-Kaffeemaschine verzweifelt, während ein Heer Profi-Berufspendler vor der Abfahrt des Zuges schnell noch das ritualisierte Heißgetränk braucht. Das ist aber nicht gemeint, sondern ein Zustand außerhalb der Zeit. Denn auch die Zeit ist Werk Gottes und auch sie vergeht mit der gesamten Schöpfung. In der Ewigkeit gibt es keine Uhr, keine Tage und keine Dauer in unserem Sinn. Mit dem Tod verlassen wir die Zeit und treten in die Ewigkeit. Deshalb können unsere jeweiligen Sterbestunden hier in der Zeit dort in der Ewigkeit ein und derselbe Moment sein. Wir sehen uns also nicht wieder als »Neuankömmlinge« und »alte Hasen«, die schon einmal alles erklären können. Sondern wir sehen uns alle gleichzeitig wieder am »Tag« (den es in der Ewigkeit nicht gibt) der Auferstehung, um nach dem Gericht ein ewiges, unsterbliches Leben zu leben. Wir kehren zu unsrem Schöpfer und Vater im Himmel zurück.

Das ist der Kern der christlichen Vorstellung von der Ewigkeit. Sie mag unkonkret sein, aber es gibt diese eine durchgehende Aussage dazu: In der Ewigkeit sind wir Gott nahe. Unmittelbar. So wie einst Adam und Eva. Und weil Gott direkt anwesend ist, gelten dort immer und ohne Einschränkungen seine Regeln und Werte. Liebe. Frieden. Gerechtigkeit. Wenn wir von Verstorbenen sagen, dass sie nun »bei Gott sind«, dann ist das nicht nur Antwort, um Kinder zu trösten. Es ist die maßgebliche biblische Vorstellung vom Himmelreich.

Ist das erstrebenswert für jemanden, der sein ganzes Leben lang einen Bogen um den Glauben gemacht hat? Will man da sein, wenn man immer alles ohne Gott gemacht hat? Wenn die Ewigkeit nicht nur die endlos gedehnte Verlängerung unserer schönsten Erlebnisse ist, sondern ein völlig neues Dasein in der Gegenwart Gottes? Es kann sehr spannend sein, den nichtgläubigen Familienmitgliedern diese Frage zu stellen. Wenn es an der Zeit ist.

# 17.
# Keine fünf Schritte zum Glück

Ich hätte das Buch gerne mit den fünf ultimativen Regeln für eine gelingende Beziehung zwischen Gläubigen und Nichtgläubigen beendet, die man einfach gemeinsam mit denen, die man liebt, nacheinander abhaken kann. Diese Checkliste gibt es nicht, und auch meine eigenen Erfahrungen taugen wenig als Schablone für Dein Leben. Wir alle suchen einfache Antworten. Ich habe sie aber nicht. Ich bin kein Coach und maße mir es auch nicht an, Beziehungstipps zu geben. Aber ich habe Beobachtungen gemacht an mir und anderen. Ich würde das nicht teilen, wenn ich nicht die Hoffnung hätte, dass es jemand anderen weiterbringt.

## Wenn wir doch nicht so zerrissen wären!

Unser Leben ist ein Drahtseilakt. Einerseits versuchen wir, es so zu leben, dass es unser eigenes ist. Unsere begrenzte Zeit soll möglichst viel von dem enthalten, was unseren Interessen und unserer Persönlichkeit entspricht. Andererseits suchen wir nach verlässlichen, stabilen Beziehungen. Das bedeutet, dass wir uns auf das einlassen müssen, was anderen wichtig ist. Das Verhältnis von

Selbstbestimmung und Beziehung tarieren wir jeden Tag aus, und nicht immer gelingt der Spagat. Vermutlich gehen die allermeisten Beziehungen zwischen Ehepartnern, Freundinnen und Freunden oder innerhalb von Familien daran zugrunde, dass jemand auf der einen oder anderen Seite heruntergefallen ist. Deswegen trennen sich auch viele Paare in der zweiten Lebenshälfte in der Hoffnung, allein oder mit jemand anderem glücklicher zu werden. Die Waage mag mal mehr in Richtung Autonomie ausschlagen, mal mehr in Richtung Bindung – je nach Lebensphase und nach den Bedürfnissen der anderen. Die Kraft, die dafür sorgt, dass eine Seite der Waage nicht völlig überladen wird, ist die Liebe zu einem Menschen. In unserem Fall ist die Liebe zu Gott ein Gewicht auf der Seite der Autonomie, der Selbstverwirklichung. Denn egal wie groß die Rolle des Glaubens in unserem Alltag ist, wir fühlen uns mit Gott mehr nach uns selbst an als ohne ihn. Der Glaube erzeugt keine Bindung zu denen, die nicht glauben, sondern in die andere Richtung. Soweit die Theorie.

Moment. Stimmt das? Ja und nein. Wir erleben Gott nicht gemeinsam und haben deshalb Erlebnisse, die wir nicht miteinander teilen. Das schafft Distanz. Aber gleichzeitig sollte uns ein gesunder, tragfähiger Glaube helfen, es auszuhalten, dass unser ganzes Leben widersprüchlich, zerrissen und eben nicht immer perfekt ist. Zumindest können wir es besser auszuhalten, als wir es ohne den Glauben könnten, und zwar für unser eigenes Leben und auch, was das Verhalten anderer angeht. Ich meine damit nicht, dass Christinnen und Christen die besseren Ehepartner sind. Ich meine aber, dass uns der Glaube helfen kann, unsere Beziehungen besser zu gestalten. Alle Beziehungen, auch die zu den Menschen, die wir lieben.

Aber machen wir uns nichts vor: Natürlich verlassen Menschen ihre Partner auch aus Glaubensgründen. Denn die Frage ist ja, wie weit die Ablehnung durch die Familie oder die Partnerin und den Partner geht. Da gibt es genauso viele Facetten, wie in jeder anderen Art von Beziehung. Es gibt latente Ablehnung, also innere Verweigerung bei äußerlicher Teilnahme an Gottesdiensten und Gebeten. Es gibt freundliches Desinteresse. Es gibt den offenen Angriff mit und ohne Publikum, also im Gespräch zu zweit oder vor der interessierten Öffentlichkeit von Freunden oder Verwandten. Und es gibt das radikale »Entweder – Oder« bis zur Trennung. Ich habe nicht alle diese Grade selbst erlebt, aber alle schon beobachtet. Die Frage ist dabei immer: Wird der Glaube des Partners oder der Partnerin abgelehnt, weil der Glaube abgelehnt wird, oder hat es andere Ursachen? Liegt der Konflikt in Wahrheit in den unterschiedlichen Charakteren der Partner, gibt es eine grundsätzliche Eifersucht oder ungesunde Besitzansprüche? Dann eignet sich der Glaube als Austragungsort eines Konfliktes, der eigentlich andere Ursachen hat. Das gilt wie schon beschrieben für Nationen und Volksgruppen, das gilt für unsere privaten Beziehungen. Wenn sie also in Bezug auf den Glauben ein Muster von Verhaltens- und Denkweisen zeigen, dass es auch an anderer Stelle immer wieder gibt, sollte man vielleicht darüber nachdenken, ob er überhaupt das maßgebliche Problem ist.

## Was verbindet euch?

Daher muss man sich in unserer Situation schon auch von Zeit zu Zeit die Frage stellen, was die Beziehung zu den Lieben zusammenhält, wenn es nicht der gemeinsame Glaube ist. Müsstest Du Dir alle Menschen, die Du liebst, in einem Onlineportal suchen, würdest Du sicher nach gemeinsamen Interessen schauen. Wenn Du selbst Fußball überhaupt nicht magst – ja, solche Menschen gibt es – dann wirst Du Deine Freizeit sicher nicht mit jemandem verbringen wollen, der die eigene Zeit am liebsten ausschließlich damit verbringen will. Aber das Problem ist eigentlich nicht der Fußball; sondern dass er das liebste ist und es keine Bereitschaft gibt, darauf zu verzichten, um mehr gemeinsame Zeit zu haben. Sie scheint keinen entsprechenden Stellenwert zu haben. Die Schwierigkeiten entstehen nicht durch die fehlenden gemeinsamen Interessen; es sind die fehlenden gemeinsamen Werte. Wie wir uns entscheiden oder verhalten, löst einen Konflikt in der Beziehung aus, aber die wahre Ursache sind die Gründe dafür, warum wir uns so entscheiden oder so verhalten.

Ein Mensch, der schwer andere Meinungen zulassen kann, wird sich schwer damit tun, dass der Partner oder die Partnerin die grundsätzliche Sicht auf die Welt nicht teilt. Das ist aber die Voraussetzung für eine Beziehung zwischen Gläubigen und Nichtgläubigen. Ist die Wirklichkeit das, was man sehen, überprüfen und erklären kann? Oder gibt es eine Kraft, die Leben schenkt und erhält? Das sind schon sehr unterschiedliche Positionen. Das können manche besser aushalten als andere. Es ist viel leichter, wenn es ein gemeinsamer Wert ist, die Meinung anderer Menschen stehenlassen zu können. Oder wenn man sich darin einig ist, dass ein einmalig gegebenes Versprechen gehalten wird. Oder dass man in der Beziehung weitreichende Entscheidungen gemeinsam trifft. Wenn die Familie für beide Partner ein höherer Wert ist als die Selbstverwirklichung, dann wird man auf die gleiche Weise auf die Fliehkräfte reagieren, die Menschen auseinanderbringen, auch wenn sie sich lieben.

In der Ethik nennt man solche handlungsleitenden Einstellungen auch »Maxime«, von »maxima regula« – »die höchste Lebensregel«. Sie bestimmen, wie wir unsere Kinder erziehen, welcher Bedeutung wir Karriere und Beruf widmen, wofür wir unser Geld ausgeben, wie wir unsere Beziehungen führen. Ich denke, wenn man in einer Beziehung unzufrieden ist, sollte sich nicht zu viel an einzelnen Gewohnheiten oder Entscheidungen des Partners oder der Partnerin festmachen, sondern sie sollten danach suchen, was für beide gemeinsam den höchsten Wert hat. Wenn man darin genug Verbindendes findet, wird man die unterschiedliche Haltung zum Glauben aushalten können. Wenn viele Werte nicht zusammenfinden, wird die gemeinsame Leidenschaft für einen Fußballverein viel gemeinsame Zeit und gemeinsame Erlebnisse schaffen. Aber sie wird nicht ausreichen, um die Beziehung grundsätzlich in die gleiche Richtung zu bringen.

Nun könnte man meinen, dass man damit der Beziehung zu einem Menschen den Vorrang einräumt vor der Beziehung zu Gott. Das ein abstrakter theologischer Gedanke, der nicht jede und jeden gleich erschreckt. Ich gebe aber zu, dass er mir schon auch gelegentlich gekommen ist. Aber letztlich bleibt es ein intellektuelles Gedankenspiel. Im ersten Kapitel hatte ich zwar von einer »Dreiecksbeziehung« gesprochen, die ich mit Gott und mit meiner Ehefrau führe, und in der sich meine beiden Partner leider nicht treffen. Aber mir würde nie der Gedanke kommen, dass ich die eine Beziehung gegen die andere aufrechne. Weder fühle ich meine Beziehung zu Gott grundsätzlich durch meine Frau in Frage gestellt noch meine Beziehung zu ihr durch den Glauben. Es gibt zu viele »Maximen«, die mich mit Gott und mit meiner Frau verbinden. Mit beiden habe ich Krankheiten erlebt, Hand in Hand an offenen Gräbern gestanden, zwei Kinder bis ins Schulalter gebracht, über meine zunehmend hohe Stirn geseufzt und wir haben trotz aller Unterschiede, Fliehkräfte und Egotrips meinerseits immer wieder einen Weg zueinander gefunden. Wir haben zu viel gemeinsam und zu viel miteinander erlebt, als dass es im ersten Sturmwind erschüttert werden könnte.

# Unerfüllte Träume

Wenn man das eigene Leben mit den ursprünglichen Hoffnungen und Erwartungen abgleicht, wird man wohl in den allermeisten Fällen eine Lücke dazwischen finden. Das liegt daran, dass Träume für das Leben immer ein Stück größer sein müssen, als realistisch zu haben ist. Das heißt nicht, dass man nicht viel mehr für das Leben erwarten sollte oder Träume nichts mit der Realität zu tun haben. Es bedeutet aber auch, dass ein unerfüllter Wunsch nicht zwangsläufig bedeutet, ein unerfülltes Leben zu führen.

Vielleicht habe ich da gut reden. Denn abseits aller unerfüllten Träume meines 19-jährigen Abiturienten-Ichs habe ich nichts zu klagen. Ich habe Familie und Arbeit, bin gesund, verbringe viel Zeit mit Dingen, die ich sinnvoll finde, und vermisse wenig im Leben. Meine Lücke zwischen Träumen und Realität ist schmal. Vielleicht ist Deine größer und Du findest den Gedanken unpassend. Oder Deine ist kleiner, und Du weißt genau deshalb, wovon ich spreche.

Was ich meine: Egal wie zufrieden wir mit dem sind, was wir in puncto Selbstverwirklichung einerseits und Bindung andererseits im Leben erreicht haben, es wird nicht immer unserem Ideal entsprechen. Die Suche nach dem gemeinsamen Maximum wird immer Einschränkungen bedeuten; die Suche nach dem persönlichen Maximum auch. Ich werde nicht der Held, der ich gerne wäre. Ich werde nicht alle Tage so glücklich, wie ich gerne wäre. Mein Umfeld wird übrigens auch nicht so, wie ich es gerne hätte. Wir können andere Menschen nicht ändern, und wir können auch nicht unsere Entscheidungen ändern, wenn die Zeit dafür vorbei ist. Aber wir können damit Frieden finden.

Zur grundsätzlichen Sicht des christlichen Glaubens auf unser Leben gehört, dass wir kein vollkommenes Leben leben, sondern eines, das erst sich danach sehnt, am Ende der Zeit vollkommen zu werden. Diese »Irgendwas-ist-immer-Haltung« ist meiner Meinung nach die einzige realistische Sicht auf das Leben. Deswegen boykottiere ich auch den Selbstoptimierungswahn mancher selbsternannten Coaches und Leistungseliten, die versprechen, man könnte alles erreichen. Ich betrachte alle menschlichen Allmachtsphantasien skeptisch und traue Gott mehr zu als dem Menschen. Und dazu gehört, dass er die offenen Enden meines Lebens zu einem guten Ende zusammenführen kann. Das ist keine Erlaubnis, sich aus dem Leben zurückzuziehen oder nicht an sich selbst oder für die eigenen Träume zu arbeiten. Aber es entlastet davon, ein grenzenloses Leben leben zu wollen und nur dann glücklich zu sein, wenn wir in allem das Maximum erreicht haben. Denn in allen Lebensbereichen gleichzeitig wird das nicht gelingen. Und wenn es in einem Lebensbereich gelingt, geht das oft zulasten eines anderen. Wer Gott zugesteht, das höchste zu sein, kann auch damit leben, dass er selbst unzulänglich bleibt. Wer ein Leben nach dem Tod erwartet, kann mit der Endlichkeit der Lebenszeit umgehen. Und wer sich gar nicht erst als Bestimmer des eigenen Lebens fühlt, kann vielleicht eher damit umgehen, dass es schon für etwas gut sein könnte, dass sich etwas nicht erfüllt hat.

So sollten wir als Christen denken. Immer gelingt es mir nicht. Aber erstaunlich oft in Krisen. Vielleicht bleibt unsere Hoffnung unerfüllt, dass unsere Partnerin oder unser Partner eines Tages unseren Glauben teilt, dass unsere Kinder sich taufen lassen oder unsere Eltern im inneren Frieden mit Gott leben können. Vielleicht können wir trotzdem gut damit leben, und vielleicht ist unser Leben trotzdem ein gutes, auch wenn es anders läuft, als wir es uns wünschen. Möglicherweise haben wir auch etwas im Laufe der Zeit gelernt.

## Die große Chance

Ich denke, dass alle Beziehungen zwischen Christen und Nichtchristen eine Dimension eröffnen, die immer wichtiger wird. Ohne Zweifel wird es so sein, dass das Christentum in der westlichen Welt, zumindest aber in Deutschland, in den kommenden Jahren an Bedeutung verlieren wird. Die Relevanz Gottes für die Gesellschaft nimmt ab. Das reine Wissen über den Glauben nimmt ebenfalls ab, und die Akzeptanz der Mehrheit gegenüber der glaubenden Minderheit wahrscheinlich auch. Wir Christinnen und Christen werden konservativer werden. In den letzten Jahren haben das meine Lieben auch schon an mir bemerkt, und mir ist es auch schon aufgefallen. Meine grundsätzlichen Positionen habe ich nicht geändert. Aber ich messe dem Glauben eine größere Bedeutung zu als früher. Und ich bin auch weniger bereit, mit meinem theologischen Denken um des lieben Friedens willen nicht anzuecken. Ich glaube, ich bin damit nicht allein. Wir werden also sehr wahrscheinlich erleben, dass die Schnittmenge zwischen Kirche und Gesellschaft geringer wird. Das gleiche erleben wir in anderen Milieus. Die gesamte Gesellschaft wird sich stärker in einzelne Gruppen, Grüppchen und Bubbles entwickeln. Und es wird keiner von ihnen guttun, sich dann nur innerhalb dieser Gruppe zu bewegen. Abkapseln werden wir uns von allein, aber wie kommen wir wieder zusammen?

Paare, Familien und Freundeskreise waren schon immer die Basis dafür, die Grenzen von Volkszugehörigkeit, Religion und manchmal auch Milieus niedrig zu halten. Weil sie sich auf Liebe gründen und Blut dicker ist als Wasser. Hier kommen noch Menschen zusammen, die sich sonst oft nicht treffen würden. Mit Menschen, zu denen man Vertrauen hat, offen über den Glauben zu sprechen, den sie nicht teilen, bewahrt uns davor, vollends in unserer eigenen Bubble zu verschwinden. Denn je weniger Wissen über den Glauben im Allgemeinen vorhanden ist, desto weniger selbstverständlich können wir mit Außenstehenden darüber reden. Es gibt Denkmuster und Formulierungen, die für uns selbstverständlich sind; für Nichtgläubige aber gar nicht. Wer je den Ausdruck von Verwirrung im Auge des Gegenübers gesehen hat, wenn er von »Wunder«, »Sünde« oder »Erlösung« sprach, weiß, was ich meine.

Das ist die Ebene der Religion. Als Christinnen und Christen in Beziehungen mit Menschen jenseits unserer Bubble helfen wir, dass der Glaube den Anschluss an die Gesellschaft nicht völlig verliert. Auf der persönlichen Ebene muss ich sagen, dass ich – auch wenn ich mich oft verletzt oder in Frage gestellt fühle – die Sicht, die meine Frau oder andere Außenstehende auf meinen Glauben haben, öfter als Bereicherung denn als Anfechtung des Glaubens empfunden habe. Ich habe nur wenige bessere Ratgeber. Manchmal reicht ein kurzes »Warum«, um nutzlose Phrasen, gedankliche Sackgassen und sinnlose Traditionen ohne Bezug zu meinem Leben als solche zu entlarven. Das hält auch den Glauben in Bewegung.

## Was die Zukunft bringt

Im Treppenhaus des Kölner Museums Ludwig, einer der bedeutendsten Sammlungen der Kunst der Moderne, hängt ein eindrucksvolles Werk. Es heißt »Zeitalter ohne Gottglaube« und stammt von Cai Guo-Qiang. Es besteht aus fast mannshohen Symbolen der Weltreligionen. Sie sind aus Holz gefertigt und scheinen aus der Höhe in Richtung der eintretenden Besucherinnen und Besucher zu stürzen. Die Symbole sind allesamt dicht mit Pfeilen übersät. Ich habe nichts dazu gefunden, was der Künstler selbst damit sagen wollte, aber die Botschaft ist deutlich. Dabei stammt die Installation aus dem Jahr 1999, als Glaube in unserer Gesellschaft noch selbstverständlicher war als jetzt. Für die anderen Religionen kann ich nicht sprechen. Ich kann nur sagen, dass das Kreuz Jesu von Pfeilen durchsiebt und im freien Fall vom Himmel in Richtung Erde genau dort ist, wo es hingehört. Die Richtung stimmt, es bewegt sich auf die Menschen zu. Der Zustand stimmt, denn es ist kein Machtsymbol, sondern das Werk eines Zimmermanns, wie Jesus es war. Und offenbar wird es nicht freundlich aufgenommen. Da geht es dem Kreuz im Foyer nicht anders als dem, der es auf sich genommen hat.

Ich kann gut ertragen, dass mein Glaube so dargestellt wird. Längst habe ich mich von den »guten alten Zeiten« verabschiedet. Von vollen Kirchen, offenen Herzen und der sog. »christlichen Gesellschaft«, die es vielleicht immer nur in den Köpfen von uns Theologen gegeben hat. Ich habe das alles gedanklich hinter mir gelassen und warte darauf, wohin Gott uns als gläubige Menschen führen wird. Natürlich ist es manchmal traurig und immer mal wieder tut es auch weh. Abschiednehmen ist ein Prozess. Aber ist er erst einmal begonnen, ist er auch heilsam.

Vor allem aber bin ich dankbar, dass ich mich selbst nicht in diesem Kunstwerk wiedergefunden habe. Niemand schießt Pfeile auf mich, niemand stürzt mich Richtung Erde. Auch nicht im übertragenen Sinn. Eine Beziehung, ein Umfeld, ein Zuhause, in dem so etwas geschieht, würde mir den Glauben vielleicht wirklich so schwer machen, dass ich mich entscheiden müsste. Ich erlebe das nicht so, und ich hoffe, Du auch nicht. Aber wir sind Teil einer neuen, herausfordernden Realität, der wir Christen uns stellen müssen. Dank unserer Partnerinnen oder Partner, dank unserer nichtgläubigen Verwandtschaft oder Freundinnen und Freunde sind wir schon daran gewöhnt. Zu dieser Realität gehört auch, dass der Glaube weniger von Gewohnheiten und Traditionen, von dem Wohlwollen der Mehrheit und Selbstverständlichkeiten getragen wird. Vielleicht sind wir mehr auf Gott angewiesen als Christinnen und Christen es noch vor 20, 30 oder 100 Jahren waren. Daran ist gar nichts Schlimmes. Denn so wie das Kunstwerk nicht wirklich stürzt, sondern unsichtbar gehalten wird, geht es uns auch.

Was werden wir also in Zukunft tun? Wir werden weiter lieben, wenn es nur irgendwie möglich ist. Und zwar Gott und die Menschen, die in unserem Herzen sind. Weil es keine Alternative dazu gibt. Wir haben uns alle schon dazu entschieden. Und es war richtig so. Denn wer die Liebe erst einmal kennengelernt hat, sehnt sich immer dahin zurück. Und Sehnsucht nach denen, die wir lieben, haben wir alle. Und die bleibt. Bei uns. Bei unseren Lieben. Und bei Gott. Vielleicht ist es in Wahrheit die Sehnsucht nacheinander, die unsere Dreiecksbeziehung zusammenhält.

# Anmerkungen

1 Am ehesten könnte man noch das deutsche Wort »Heil« dafür benutzen. Aber auch dies ist eigentlich zu eindimensional. Gemeint ist nicht nur Unversehrtheit, sondern auch, frei von Unheil und Unglück zu sein. Auch Gesundheit, Wohlfahrt, Sicherheit, Frieden und Ruhe gehören zum *Schalom*. Nach Jesaja 9,6 ist es ein Zeichen der Herrschaft Gottes, dass er sich ausbreitet.

2 Wie sich das weiterentwickelt, ist meiner Meinung nach noch nicht entschieden. Laut einer Studie des Pew Research Center wird der Anteil der Menschen ohne religiöse Bindung bis 2060 sogar von 16 Prozent (2015) auf 12,5 Prozent sinken, es gäbe also in Zukunft global gesehen weniger Nichtgläubige. Dagegen sprechen Berichte von Beobachtern der islamischen Welt, die von einer dramatisch schnellen Säkularisierung der dortigen Gesellschaften berichten.

3 Segen und Schalom gehören zusammen. Deshalb sprechen wir am Ende des Gottesdienstes auch den sog. »Aaronitischen Segen«: »Der Herr segne dich und behüte dich und schenke dir seinen Frieden« (»Schalom«).

4 Diese Formulierung habe ich von Wilfried Härle gelernt. Seine »Dogmatik« (Berlin 2012, 4. Auflage) ist immer noch aktuell und eine der maßgeblichen evangelischen Glaubenssystematiken.

5 Siehe z.B. Lukas 10,22.

6 https://www.bibelwissenschaft.de/wibilex/das-bibellexikon/lexikon/sachwort/anzeigen/details/ehe-at/ch/5b80cbbe808bd8443559f83e85f92986/#h17. Abgerufen am 19.04.2022.

7 Der Stammbaum Jesu findet sich in Mt 1. Aber erst dieser Vortrag hat mir die Augen für den Zusammenhang geöffnet: Die Familie aus biblischer Sicht. Impulsreferat von Jürgen Ebach vor der Lippischen Synode, Detmold vom 26.11.2012. https://www.lippische-landeskirche.de/daten/Familie%20biblisch%20Lippische%20Synode.pdf

8 Siehe Schrage, Wolfgang: EKK. Evangelisch-katholischer Kommentar zum Neuen Testament VII/2, Neukirchen 1995, S. 107ff.

9 Bernhard Häring: Mischehe II. Praktisch, in: Josef Höfer, Karl Rahner (Hrsg.): Lexikon für Theologie und Kirche, 2. Auflage Band 7, Herder, Freiburg im Breisgau 1962, Sp. 440–444.

10 Kirchengesetz über die Ordnung der Trauung in der Evangelischen Kirche von Westfalen vom 4. November 1993.

11 https://www.katholisch.de/artikel/24223-einer-katholisch-der-andere-nicht-so-klappt-die-kirchliche-trauung. Abgerufen am 28.07.2021.

12 Kirchengesetz über die Ordnung der Trauung in der Evangelischen Kirche von Westfalen vom 4. November 1993.

13 Der maßgebliche Text in der Bibel ist Römer 6, 1-23. Laut Paulus sind wir in der Taufe mit Christus gestorben und auferstanden. Das ist es auch, was die Erwachsenentaufe symbolisiert. Deswegen werden die Täuflinge »aus der Taufe gehoben« in ein neues Leben. Wir sind damit auch »der Sünde gestorben«, sie hat keine Macht mehr über uns. Der Gedanke ist vielen Menschen heute fremd, weil allein das Wort »Sünde« ein schlechtes Image hat. Tatsächlich ist das aber der Kerngedanke: Indem wir »im Namen Gottes, des Vaters und des Sohnes und des Heiligen Geistes taufen«, stellen wir die Zusage Gottes über alles andere, was uns von Gott trennen kann.

14 Z.B. der Hauptmann Kornelius in Apostelgeschichte 10,44-49 und die Tuchhändlerin Lydia in Apostelgeschichte 16,15.

15 Grasberger, Ulrich: Meine schönsten Kindergebete, München 2014.

16 https://www.zeit.de/2022/35/junge-menschen-generationen-weltsicht/seite-2. Abgerufen am 05.10.2022.

17 Moser, Tilmann: Von der Gottesvergiftung zu einem erträglichen Gott: Psychoanalytische Überlegungen zur Religion, Stuttgart 2003 u.ö., S. 16.

18 Das Lied ist eine Übersetzung des Titels »O be careful little eyes« eines unbekannten Verfassers. Die deutsche Übersetzung stammt von Anton Schulte, schienen ist es 1976 bei SCM Hänssler.

19 Das aramäische »Abba« war nach MK 14,36 das Wort, mit dem Jesus Gott im Gebet anredete – eine religiöse Revolution! Nach Gal 4,6 wurde sie damals auch als Redeweise eines Kindes verstanden und gerade deshalb von den Kindern Gottes als übliche Anrede Gottes in der Gemeinde verwendet.

20 https://www.evangelisch.de/inhalte/2609/22-05-2012/gott-ist-als-psychohygienische-hilfskraft-sehr-akzeptabel. Abgerufen am 03.08.2021.

21 https://www.presseportal.de/pm/43108/2712728. Abgerufen am 21.10.2021.

22 Grethlein, Christian: Befähigung zum Christsein, in: Theo-Web. Zeitschrift für Religionspädagogik 5 (2006), H. 2, S. 2-18.

23 Grethlein, Christian: Befähigung zum Christsein, S.6.

24 https://www.jesus.de/nachrichten-themen/nachrichten/umfrage-ein-knappes-viertel-der-deutschen-geht-ostern-in-die-kirche/. Abgerufen am 03.08.2021.

25 https://www.faz.net/aktuell/gesellschaft/umfrage-nur-jeder-zweite-verbindet-ostern-mit-auferstehung-christi-199512.html#:~:text=Nur%20jeder%20Zweite%20verbindet%20Ostern%20mit%20Auferstehung%20Christi,-18.04.2003&text=F%C3%BCr%20die%20meisten%20(81%20Prozent,Osterfest%20nicht%20mehr%20bewusst%20ist. Abgerufen am 03.08.2021.

26 https://www.jesus.de/nachrichten-themen/nachrichten/blick-zurueck-weihnachten-war-nicht-immer-ein-familienfest/. Abgerufen am 05.01.2022.

27 Mehr dazu bei: Monique Scheer/ Pamela Klassen (Hg.): Der Unterschied, den Weihnachten macht. Differenz und Zugehörigkeit in multikulturellen Gesellschaften, Tübingen 2019.

28 Michael Domsgen: Familie ist, wo man nicht rausgeworfen wird. Zur Bedeutung der Familie für die Theologie – Überlegungen aus religionspädagogischer Perspektive, in: Theologische Literaturzeitung Mai 2006, Sp. 467–486. http://www.thlz.com/artikel/13724/?inhalt=heft%3D2006%23r248. Abgerufen am 05.01.2022.

29 Siehe 3. Mose 27,30-33. Daneben gab es auch noch weitere Zehntgaben, so zum Beispiel für Witwen und Waisen alle drei Jahre (5. Mose 14,28f.).

30 Apostelgeschichte 17,22-34.

31 Deutsche Ausgabe: C.S. Lewis: Pardon ich bin Christ. Meine Argumente für den Glauben, Basel 1977, 2014.

32 Heino Falcke: Licht im Dunkeln, Schwarze Löcher, das Universum und wir. Illustrierte Ausgabe, Stuttgart 2021, S. 396.

33 Der Philosoph Jürgen Habermas sagt von sich selbst, er sei als Mitglied der Kirche Kulturprotestant ohne wirklichen Glauben; er sei »religiös unmusikalisch«.

34 Mk 1,34; 1,44; 3,12; 5,43; 7,36; 8,30; 9,9.

35 https://www.ted.com/speakers/simon_sinek

36 Eine der verschiedenen Versionen des Clips:https://www.youtube.com/watch?v=u4ZoJKF_VuA&list=RDLV_-fdJzvpX60&index=3.

37 Sinek, Simon: Frag immer erst: warum. Wie Führungskräfte zum Erfolg inspirieren, München 2014 u.ö.

38 Erst die Weimarer Verfassung garantierte im gesamten Deutschen Reich die Religionsfreiheit und verbot die Diskriminierung aufgrund der Religion oder Weltanschauung.

39 Zimmermann, Johannes / Schröder, Anna-Konstanze: Wie finden Erwachsene zum Glauben? Einführung und Ergebnisse der Greifswalder Studie (Beiträge zu Evangelisation und Gemeindeentwicklung Praxis),Wuppertal 2011.

40 Falls Du die Frage mal vertiefen möchtest, empfehle ich Faix, Tobias: Würde Jesus bei Ikea einkaufen? Herausforderungen zu einer ganzheitlichen Nachfolge, 3. Auflage Schwarzenfeld 2008.

41 Ruthven, Malise: Der Islam. Eine kurze Einführung, Stuttgart 2000, S. 14f.

42 Bonhoeffer, Dietrich: Nachfolge, 2. Auflage der Taschenbuchausgabe 2005, S.2ff.

43 Willard, Dallas: Jünger wird man unterwegs. Jesus-Nachfolge als Lebensstil, Schwarzenfeld 2011, S. 202.

44 Eigentlich hatte Bonhoeffer mit »Nachfolge« den Standard gesetzt. Er ist jedoch in den USA stärker aufgenommen worden als in Deutschland. Aus der US-Literatur sind einige Bücher auch in Deutschland erschienen. Empfehlenswert ist ein Klassiker: Willard, Dallas: (siehe Anmerkung 43).

45 D. Martin Luthers Werke: Kritische Gesamtausgabe« (Weimarer Ausgabe, Band 7, 1897). Das Zitat stammt aus der Schrift »Grund und Ursach aller Artikel D. Martin Luthers, so durch römische Bulle unrechtlich verdammt« von 1521.

46 Sehr empfehlenswert: »Evermore«. https://evermore-app.de/.

47 Der Psychoanalytiker Bernd Deininger, selbst Christ, sieht in solchen »Gegenaffekten« eine Form, Ängste zu kompensieren. https://www.zeit.de/2021/14/bernd-deininger-psychoanalyse-pandemie-angst-kirche-theologie/seite-2. Abgerufen am 13. August 2021.

48 Alle drei Geschichten spielen am Horeb, dem »Gottesberg«. Das Alleinsein als Form der Gottesbegegnung ist aber nicht an diesen Ort gebunden. Auch Jona z.B. führt sein Zwiegespräch mit Gott, als er vor Wut darüber, dass dieser Ninive nun doch nicht zerstört hat, allein die Stadt verlässt.

49 Man kann für sich selbst um den Segen bitten, ihn sich aber nicht selbst zusprechen. Zwar hört man immer mal wieder am Ende eines Gottesdienstes die Worte »Der Herr segne uns ...«, eigentlich ist das aber nicht so gedacht. Segen ist etwas, das von außen kommt. Vgl. »Segen/Segnen« auf www.bibelwissenschaft.de. Abgerufen am 04.01.2022.

50 Kühn, Jonathan: Klanggewalt und Wir-Gefühl. Eine ethnografische Analyse christlicher Großchorprojekte, Stuttgart 2018.

51 Der Begriff »Allversöhnung« oder »Allerlösung« geht auf Apostelgeschichte 3,21 zurück. Es meint die Idee, dass Gott am Ende der Zeit alle Schöpfung (!) in eine neue Wirklichkeit führt, in der das Böse endgültig überwunden ist. In 2 Kor 5,19 heißt es: »Denn Gott war in Christus und versöhnte die Welt mit ihm« – wie kann dann ein Mensch noch etwas tun, was diese Versöhnung mindert oder in Frage stellt?

52 Man kann das in Mt 25,14-30 (Gleichnis von den anvertrauten Talenten) lesen, aber das ist ein Gleichnis und keine technische Beschreibung für das Jüngste Gericht.

53 »Und sie werden hingehen: diese zur ewigen Strafe, aber die gerechten in das ewige Leben.« (Mt 25,31-46; LUT).

54 Jüngel, Eberhardt: Gericht und Gnade, S. 55-57,zit. bei Härle, Dogmatik, S. 641.

Sofern nicht anders angegeben sind alle Bibelstellen entnommen aus:
BasisBibel. Deutsche Bibelgesellschaft Stuttgart, 2021.
Darüber hinaus wurde verwendet: Die Bibel: Nach Martin Luthers Übersetzung.
Lutherbibel. Revidiert 2017. Mit Apokryphen, Stuttgart 2016.

Penguin Random House Verlagsgruppe FSC® N001967

1. Auflage


Umschlagmotiv: © timonko – iStockphoto.com
Druck und Bindung: GGP Media GmbH, Pößneck
Printed in Germany
ISBN 978-3-579-06224-2
www.gtvh.de